谨以此书献给
萧红诞辰一百周年

萧红全传

袁权 著

中国青年出版社

目　录

序 ·· 孙　郁　001

第一章　呼兰河畔 ·· 001
　　第一节　摇篮 ·· 001
　　第二节　祖父　后花园　童年 ···································· 004
　　第三节　入学 ·· 007
　　第四节　哈尔滨——外面的世界 ······································ 011

第二章　古城北平 ·· 016
　　第一节　难以为继的求学 ·· 016
　　第二节　谜一般的匆匆往返 ·· 019

第三章　哈尔滨 ·· 021
　　第一节　"福昌号"屯 ·· 021
　　第二节　重返哈尔滨　流浪　落难 ································ 023
　　第三节　求助报社　遭遇激情 ·· 027
　　第四节　洪水袭来　绝处逢生 ·· 031
　　第五节　浪儿无国亦无家 ·· 035
　　第六节　起步商市街 ·· 043
　　第七节　海上几月里浪小 ·· 049
　　第八节　别了家屋 ·· 052

第四章　美丽海滨青岛 ·· 053
　　第一节　青灯坐对细论文 ·· 053
　　第二节　栈桥风雨流亡夜 ·· 058
　　第三节　青春驿站 ·· 062

第五章　闯入上海文坛 ································· 063
第一节　面师 ·· 063
第二节　初宴 ·· 067
第三节　拉都路上几春宵 ································· 070
第四节　力透纸背　明丽新鲜 ··························· 075
第五节　情殇之惑 ··· 080
第六节　最后的晚餐 ······································ 090

第六章　东瀛孤旅 ······································· 092
第一节　这是异国了 ······································ 092
第二节　我想一步踏了回来 ······························ 099
第三节　归去来 ··· 110

第七章　重返上海 ······································· 111
第一节　只说一声：久违！ ······························ 111
第二节　小住北平——心绪仍是乱绞 ··················· 120
第三节　沪战爆发 ··· 125
第四节　告别上海 ··· 134

第八章　江城武汉　战时首都 ·························· 136
第一节　萋萋芳草　历历晴川 ··························· 136
第二节　《七月》复刊前后 ······························ 138
第三节　紫阳湖畔三人行 ································· 141
第四节　奔赴山西 ··· 143

第九章　临汾　民大 ···································· 144
第一节　来去匆匆　翩若惊鸿 ··························· 144
第二节　汾河圆月今在否 ································· 149

第十章　西安　行走在西北的风沙中 ·················· 151
第一节　长安古城留红影 ································· 151
第二节　缘结缘分两自明 ································· 158
第三节　《白头吟》约在　流水各西东 ················ 161

第十一章　又回江城 ···································· 162
第一节　重返小金龙巷 ··································· 162

第二节　三镇告急　艰辛入川 …………………………… 165
　　第三节　此地空余黄鹤楼 ………………………………… 169

第十二章　山城重庆 …………………………………………… 171
　　第一节　警报的笛子 ……………………………………… 171
　　第二节　北碚往事 ………………………………………… 178
　　第三节　隽语常思鲁迅翁 ………………………………… 186
　　第四节　离川赴港 ………………………………………… 192
　　第五节　嘉陵江的烟波 …………………………………… 194

第十三章　香港——最后的停泊地 …………………………… 195
　　第一节　忙碌在港九 ……………………………………… 195
　　第二节　那个时代的最强音 ……………………………… 201
　　第三节　巅峰之年　巅峰之作 …………………………… 207
　　第四节　病榻沉疴 ………………………………………… 216
　　第五节　太平洋战争爆发以后 …………………………… 225
　　第六节　香岛云山梦已空 ………………………………… 232

外一篇　袅袅余音 ……………………………………………… 243

后　　记 ………………………………………………………… 241

序

孙 郁

萧红去世后，描述她的，男性为多，从未中断过。最为热烈的是民间研究者的声音，不时从书林中冒出。他们好奇眼光里的存在，有着神异的色彩，也把昔日文坛的影像由模糊到不断地清晰化着。有人告诉我，其实理解女人，大概还是女人自己，男人眼里的萧红，与女性眼里的形象还是有别的。证之于学林，可以找到许多的例子来。比如梅志笔下的萧红，比如季红真的研究等都是。

这个看法后来也得到了一点印证。记得是十几年前，我在中国美术馆参观了"萧红故居馆藏中外名人书画作品展"，鲜活的场面多多。袁权女士一直都在现场，那时候她还是曲阜一所小学的老师。她何以参与了这个展览，以及怎么搞起了研究，现在已经忘记了。那个展览很朴素、平常，却印象深深，这个完全民间化的聚会，在那时似乎没引起多少人关注，也匆匆地从京城的热闹里淡出了。

然而此后便注意到袁权这个有趣的老师，她偶然出现在一些学术会议的现场，从不发言，只做听众。后来她到北京搜寻各种资料，偶然到我这里来。我知道她在觅寻萧红的档案资料，在我看来，那都是大海捞针之举，渺乎如云烟的存在，实在是无米之炊。然而不料十几年之后，竟看到了她关于萧红的传记手稿。完全是新的天地——朗照的黑土下的人生和漂流的女子的写真，苍凉年月的灵光片段，一页页被还原着。我知道，一本更有趣的萧红传诞生了。

关于萧红的传记多矣。印象最深的是葛浩文与林贤治先生的。他们都是男性作家，或为教授，或为诗人，都从自己的视角去瞭望自己的审美对象，已被广泛地接受。袁权不同于他们的是,靠女性细腻的笔触和详细的资料理解自己的传主,视角自然也有了新意。

萧红是个天籁。从寂寞的北方一落脚到上海,便有异样的韵致袭来。她几乎没有受过什么国学的训练,可文字天生的好,是晨曦般清晰的光度,照着灰暗的地带。北方枯燥而可爱的生活,就那么如诗如画地流来,带给人的是野味的遐想。鲁迅认可她,一定与其身上的天然的美有关系。那些作品有从野草和丛林里散出的清香,有旷远的幽怨和辽阔的心绪。这个没有文艺腔的女子,是混浊的上海滩的一泓清泉,冲刷着世间的乱相。最没有作家调子的人,其实更接近作家的本色。我们看鲁迅为《生死场》写下的序言,真的觉出眼力的不凡,那是捕捉到其精神的亮点的。这个"天外来客"的叩门,让鲁迅嗅到了泥土的气息。在阅读《生死场》手稿时,说是意外之喜也并非不对。

我曾读过鲁迅博物馆馆藏的萧红手稿,那文字俊美有力,可以想见其人的透彻。像狂风里的劲草,顽强里吐着绿色。她的感觉丝毫没有受到世俗的污染,奇异的句子夹带着苦涩的梦,流转于暗夜里。我曾想,粗糙的萧军对她的内觉是常常忽略的,这造成了悲剧。在弥漫着恐怖气息的世间,有什么办法呢?也只能任无奈在此间蔓延,爱与快慰是短暂的。而这短暂的间歇,竟也有精神焦虑后的宁静。那些美文与佳句,实在是她无望之后的喘息。艺术有时乃惆怅里的突围,在弱小者那里,支撑精神的文本,是黑色存在的盲点的填补。卡夫卡、川端康成等,都是这样。至于女性作者吴尔芙、艾赫马托娃,亦有此意。文学史里的相近性片段,我们还可以找到许多。

许多记述萧红的文字谈到了她心地的美。梅志生前写到这位朋友,有很多细节颇为传神。20世纪30年代的青年,精神的突围是多重的。萧红经历了饥饿、失恋、漂泊的苦运,也卷入了革命的风潮。她的左翼选择,乃无奈命运的推动。理论上亦无任何准备。生活困顿了,没路可走,只能做苦态的记录。走到左翼队伍的人,也有偶然的因素。底层的青年易在绝境里作抗争的选择,乃历代社会固有之现象。鲁迅在晚年,对青年有如此深的感应,那也是自己还在一样的苦态里吧。不过有一个现象值得思考,鲁迅的痛感里,有古老文化的纠葛。萧红那代人,只是己身的痛感,层次不一了。但青年的能量,在鲁迅看来是一种纯美的储存,它可以抵挡陈腐的旧影的袭来。晚年鲁迅的快慰之一,就是在萧红、萧军这样的青年那里,看到了旧式士大夫身上缺少的天然的美。倘说文坛还会有希望,是在这类青年身上的。

这种天然的美,不是逃离世间的隐逸,那是与恶的存在对峙的抒怀。他们在困苦里表现的不安与抗争,也是鲁迅心以为然的。萧红的作品,和许多左翼作家不同,她的世界除了对世道的冷嘲外,有生命自身的困境。她对内在矛盾的敏感,超出了一般作家。中国的激进文人抱怨别人的时候,将自己洗得干干净净,似乎黑暗与自己无关。萧红是一个迷茫的女子。她在最冷静的时候,依然清晰自己的无力感。在到青岛、上海、西北抗战的途中,她显得纤弱和痛楚,一直被爱情纠缠和困扰。当一些作家苦于无法写作,或写不出满意的作品时,萧红却没有那些问题。所有的日常生活都可以入文,这样的生命状态,使她身边的许多男性作家显得轻浮。在意识形态里,又不仅仅属于它们,不凡的文人往往就是在这样的空隙里诞生的。

这一本书,资料的排列很有技巧,流畅得很,历史场景的穿插很是自然。因为谙熟掌故,又会心于书写的对象,文章如泉水般流泻。她很少判断,也不抒情,一切靠材料说话。所引资料彼此连接自如,而敬意与爱意亦深含其间矣。在乱世之间,一个美丽、纯情的女子如何挣扎,如何寻梦,都在此间复活了。

好的传记是自己生命的一部分。无论写人还是述己,倘没有热力在,则食之无味。我常常感动于司马迁的写史,人物鲜活,呼之欲出。那是有大的悲悯的缘故。袁权写萧红,有女性间的理解与同情,间或亦有困惑的排遣。那种对远逝者的流盼,寄寓了什么呢?也许是刘勰所云的素心吧!我读这本书,一直有种新鲜的感觉。许多模糊的街景、人像,渐渐清晰了。这里也有作者生命的期许,或是一种感怀。一个美丽的生命那么早地离世,是人间的大悲哀。我们这些后来者,知之而不思之,思之而不行之,都有愧于前人。可惜世间流俗者占据的空间过多,美妙的存在灵光一闪,不易留住。传记作者的责任重大,于此亦可窥见一二。

文学写作是一个谜,要找那里的规律殊难。但那些美丽的不易久存的片段,灵光般飘逸在神思里,被后人一点点记录下来,便成了审美的再造。传记写作的劳绩,有时候就在这里。而杰出的人物被不断书写,乃隐含了神采的久远性。写作者与被写作者之间的对话,其实也是读者与逝者的对话。历史有时候就是在这样的对话间有了立体的感觉。袁权的劳作给我们带来的惊喜,也恰在这个层面。因这一本书而去对读萧红的原著,那就不仅廓清了背景,连人的形影,也会渐渐清晰起来的。

2011 年 4 月 14 日

(作者为中国人民大学文学院院长,北京鲁迅博物馆馆长。)

第一章 呼兰河畔

第一节 摇篮

呼兰本是哈尔滨以北30公里左右处的一个小县城,位于呼兰河北岸。

呼兰城始建于1734年;1862年设呼兰厅;乾隆年间,这里还是一个不到5000人的小镇;更早间,则只是一个防务所需的军事据点。

20世纪初,呼兰渐渐成为一个商业兴盛的县城;1904年设呼兰府。

民国二年(1913年)改为呼兰县。

2004年,在行政规划中被改制,并为哈尔滨市呼兰区。

发源于小兴安岭西南侧的呼兰河,是松花江的一条支流,它在蜿蜒向西

静静的呼兰河

向南的途中，汇集了诸多细流，河水进入呼兰地域后，从县城的西南角绕过，最后在哈尔滨附近4公里处由左岸注入松花江，因为呼兰河绕城而过，这个小城得名呼兰。

呼兰河河面宽阔，水流平缓，便于木排放漂；入冬后河面结冰，会有近半年的冰冻期。由于河道较宽，冻冰坚实，每到冬季呼兰河就成为车辆要道，附近区县的农副产品多是通过这里运往哈尔滨。正是这个原因使呼兰一度成为一座繁华的小城。

萧红在《呼兰河传》里描述的县城，大约就是这个比较繁华的时期。

呼兰河畔是萧红生命和成长的摇篮。

1911年，宣统三年，辛亥革命爆发；就在那一年的端午节，公历6月1日，位于黑龙江省呼兰县城龙王庙路南的张家大院里，一个女婴呱呱坠地。

张家的祖上来自山东省聊城地区莘县，是从山东闯关东的移民。

现存于呼兰萧红故居纪念馆的《东昌张氏宗谱书》序文中说：
"我张氏之先，居山东东昌府莘县长兴社杨皮营村，清乾隆年间，我高祖岱公始游关外朝阳凤凰城等地。"

光绪初年，当初"挑着担子逃荒"的张氏家族在关东传至第四代，经过几代人的艰苦创业，已经富裕了起来，他们分别在阿城、宾县等地购置了房产，并兴办了商号，成为吉林、黑龙江两省有名的汉族地主；此时家族内部的矛盾也逐渐彰显，家道已有了中落的迹象，于是，分家就成了大势所趋。

第四代中的张维祯一支，分得呼兰的部分土地和房产，始带领全家迁到呼兰。

张维祯性情温厚，幼读诗书十余年，不问家事，其妻范氏精明能干，是一家之主；只是年过半百膝下无子，成了他们最大的心病。于是，在三个女儿都出嫁之后，几经商议，他们在族中选定了3岁丧母的堂侄张廷举作为继子；那一年，张廷举12岁。

张廷举从阿城过继到呼兰后继续求学，毕业于齐齐哈尔黑龙江省立优级师范学堂，因成绩优秀，被授予师范科举人，当过农业学堂教员、小学校长、呼兰县教育局长、巴彦县教育局督学、黑龙江省教育厅秘书等职。

出生的炕

1909年8月，张廷举和"幼从父学，粗通文字"的姜玉兰结婚。

1911年端午节，姜玉兰生下一个女婴，这是他们的第一个孩子。

母亲姜玉兰、父亲张廷举——她是父母的第一个孩子

这个被家人取名张迺莹（乳名荣华）的女婴，就是后来的作家萧红。

修复后的萧红故居

第二节 祖父 后花园 童年

由于父母盼的是男孩,所以对她并不是十分喜欢;但她的出生给老祖父带来了莫大的喜悦:"等我生来了,第一给了祖父的无限的欢喜,等我长大了,祖父非常地爱我。使我觉得在这个世界上,有了祖父就够了,还怕什么呢?"(萧红:《呼兰河传》P113,桂林:上海杂志公司,1941年5月)

稍稍长大,祖父就常带她到后花园玩耍。

3岁时,母亲生下一个男孩,一年后夭折。

幼年与母亲
这是目前我们所能见到的作家最早的照片,约在1914—1915年之间。三四岁的萧红,脸上胖乎乎的,眼睛大大的;母亲面目清秀,身材高挑;母女二人都穿戴讲究,很符合当时的家境和身份。

在她5岁的时候,二弟连贵(张秀珂)出生,母亲就更顾不上她了。

她在老祖父的宠溺和疼爱中,在后花园里度过了童年。

夏天在后园子里捉蝴蝶,捉蚂蚱,追蜻蜓,观看蜜蜂采花粉。困了,把草帽往脸上一扣,闭上眼睛就睡着了,睡醒了再跑再玩,过着无忧无虑、自由自在的生活。

带给萧红童年温暖的老祖父——张维祯

我家有一个大花园,这花园里蜂子、蝴蝶、蜻蜓、蚂蚱,样样都有。蝴蝶有白蝴蝶、黄蝴蝶。这两种蝴蝶极小,不太好看。好看的是大红蝴蝶,满身带着金粉。

蜻蜓是金的,蚂蚱是绿的,蜂子则嗡嗡地飞着,满身绒毛,落到一朵花上,胖圆圆的就和一个小毛球似的不动了。

萧红童年的乐园——后花园

花园里边明晃晃的,红的红,绿的绿,新鲜漂亮。

花开了,就像花睡醒了似的。鸟飞了,就像鸟上天了似的。虫子叫了,就像虫子在说话似的。一切都活了。都有无限的本领,要做什么,就做什么。要怎么样,就怎么样。都是自由的。倭瓜愿意爬上架就爬上架,愿意爬上房就爬上房。黄瓜愿意开一个谎花,就开一个谎花,愿意结一个黄瓜,就结一个黄瓜。若都不愿意,就是一个黄瓜也不结,一朵花也不开,也没有人问它。玉米愿意长多高就长多高,它若愿意长上天去,也没有人管。蝴蝶随意地飞,一会从墙头上飞来一对黄蝴蝶,一会又从墙头上飞走了一个白蝴蝶。它们是从谁家来的,又飞到谁家去?太阳也不知道这个。

可是天空蓝悠悠的,又高又远。

祖母一骂祖父,我就拉着祖父的手往外边走,一边说:
"我们后园里去吧。"

我拉着祖父就到后园里去了,一到了后园里,立刻就另是一个世界了。决不是那房子里的狭窄的世界,而是宽广的,人和天地在一起,天地是多么大,多么远,用手摸不到天空。而土地上所长的又是那么繁华,一眼看上去,是看不完的,只觉得眼前鲜绿的一片。

就这样一天一天的,祖父,后园,我,这三样是一样也不可缺少的了。

(《呼兰河传》,《萧红全集》P159—164,哈尔滨:哈尔滨出版社,1998年10月)

后花园是萧红童年的乐园,在那个属于她和老祖父的园子里,孕育了她对大自然的由衷热爱和对自由的无限向往;这种热爱和向往在她幼小的心灵里扎下了根,在很大程度上影响着她的人生观和价值观,也催化了她过人的细腻敏感和爱美之心。多年之后,远离故土,她回忆老祖父回忆童年,那笔下园中的一花一木一草一虫,无不具有鲜活的生命。

6岁时,祖母范氏病故,萧红就闹着要搬到祖父房里去住;从那时起,祖父就利用早晚的空闲时间,对她口授《千家诗》等,使萧红开始接触中国古典诗歌。

"祖母死了,我就跟祖父学诗。因为祖父的屋子空着,我就闹着一定要睡在祖父那屋。"

"早晨念诗,晚上念诗,半夜醒了也是念诗。念了一阵,念困了再睡去。

祖父教我的有《千家诗》,并没有课本,全凭口头传诵,祖父念一句,我就念一句。"

(《呼兰河传》,《萧红全集》P176,哈尔滨:哈尔滨出版社,1998年10月)

老祖父对萧红思想性格的养成有着至关重要的影响;祖父以古诗古文为主的启蒙教育,在萧红幼小的心灵种下了慧根,启蒙了她对文学的憧憬,使她打下较好的基础,奠定了对文学终生不渝的热爱。

1919年,8岁的萧红生命天空遭遇不测阴云,母亲姜玉兰病故,年仅34岁;三个月之后,父亲续娶继母梁亚兰。当时,她和年幼的弟弟为母亲志哀缝在鞋面上的白布尚未撕去。

第三节　入学

1920年对萧红来说,是有着非常意义的一年;这一年,她上学了。

当时,由于受到"五四"新文化运动的影响,人们已经意识到让子女接受新式教育的重要性,呼兰的两个小学在秋季设立了女生部,首次招收女生;萧红是第一批受益者,她进入了龙王庙小学女生部一年级就读。

在送子女入学的问题上,张廷举作为家长,表现出超前的开明和与时俱进。

当时的龙王庙小学只设有初小,所以,在1924年的时候,萧红转入县立第一初、高两级小学校的女生部读高小。

她读书用功,成绩斐然;作文尤其突出,已经能把一个很平常的故事记述得生动感人,对文字表达的特殊悟性已初露端倪。留在许多同学记忆中的，是一篇广受好评的作文《大雨记》。

上学开阔了她的视野，大量课外书的阅读也丰富了她的知识结构，新思潮的启蒙诱发了她对自由的向往和天生的叛逆，同时更给她的心灵插上了翅膀；她早已不是那个整天在后花园里玩耍的小女孩儿了，她渴望看到更广阔的天地。

萧红最初上学的地方——昔日龙王庙小学

1926年夏天，随着高小毕业的临近，萧红也告别了自己的童年。

高小毕业后，萧红和她的同学们都面临着以下几种不同的选择：
一是在本地读中学，师资一般但费用低廉；

萧红用过的《学生词典》，现存于哈尔滨呼兰区萧红故居纪念馆

今日位于哈尔滨市呼兰区的萧红小学

一是到齐齐哈尔读学杂费全免的师范,当时黑龙江省立师范学校设在那里;

最好的选择是去哈尔滨上中学,这是以家庭较好的经济基础为前提的;年龄较大不宜升学的,就回家干活或等着出嫁。

萧红具备去哈尔滨上中学的一切条件,而且张家子弟中已有不少在哈读书;但是在她看来顺理成章的要求却遭到父亲的严厉拒绝;父亲对"东方莫斯科"的开放早有耳闻,他不想让这个任性的孩子去那种在他看来没有章法的环境。在父亲明确表态之后,年少的萧红与家庭发生了最具实质意义的碰撞和冲突,自此也开始了她平生最初也是最重要的呐喊和抗争。

这一年的升学风波,为后来她和家庭关系的恶化预留了严重的隐患。

秋天开学后,昔日的同学未能升学的人数很少,大多拥有了新的校园生活,她只能郁郁寡欢地被囚在家中,同学来信说"学校怎样热闹,也说些我所不懂的功课",更是深深地刺激着萧红敏感而苦闷的心;不断的争吵也是无用,父女对峙了很长一段时间;父亲对这个不听话的孩子甚至是又骂又打:

半年的工夫,母亲(继母)同我吵嘴,父亲骂我:"你懒死了!不要脸的。"当时我过于气愤,实在受不住这样一架机器压轧了。我问他,"什么叫不要脸呢?谁不要脸!"他听了这话立刻像火山一样爆裂起来。当时我没能看出他头上有火冒也没?父亲满头的发丝一定被我烧焦了吧!那时我是在他的手掌下倒了下来,等我爬起来时,我也没有哭。

他想做父亲的更该尊严些,或者加倍的尊严着才能压住子女吧?

(萧红:《镀金的学说》,见《萧红散文》P303,北京:中央广播电视出版社,1993年2月)

这个极力要对子女保持尊严的父亲大概不会料到,对于这样的一件事情,这个虽然柔弱但却倔犟的女儿的艰苦抗争,简直就是以命相拼的。

于是,"一天天睡在炕上,慢慢我病着了"!"整整死闷在家中三个季节",老祖父和别的亲友都来求情了,求情也是不行。

少年萧红

这张照片陈列在呼兰萧红故居纪念馆,照片背面有张父的题字:"民国十六年夏历正月照于呼兰广东相馆。"

右为萧红,左边是梁玉芝和梁静芝——她们是继母梁亚兰同父异母的两个妹妹,是萧红的两个"小姨",也是萧红的少年伙伴。

当时正值"升学风波","整整死闷在家中三个季节"时,我们可以看到,这个年近16岁的少女,略带忧郁,初现婉约。

然而,形势却在后来的日子里急转直下:

"当年,我升学了,那不是什么人帮助我,是我自己向家庭施行的骗术。"(见《镀金的学说》)

关于这个"骗术",究竟是什么样的"骗术",历来说法不一。有的说她扬言如不能上中学就效法一个同班同学,出家做修女;这会让张家的脸面丧失殆尽。老祖父急坏了,他也以死相威胁;父亲被迫妥协。还有的说是她答应了家庭为她物色的婚姻,换得了父亲的勉强放行。

在以后所有的文字里,萧红都不曾对这个"骗术"有过明确的解释,而且除了这篇《镀金的学说》,你几乎再也找不到与这段生活有关的文字。

这也算是她身世中一个小小的谜团吧。

这个"故事情节"也从侧面印证了萧红的侄子、张秀珂之子张抗的观点:"萧红同家里矛盾的激化,是由萧红要到外地继续读书引起的。"

(张抗:《萧红家庭情况及其出走前后》,"萧红文化节丛书"《萧红研究》第一辑P67,哈尔滨:哈尔滨出版社,1993年9月)

这让我们有理由相信,此后所有的结局都是此举引发的后果,所有的矛盾也几无例外都是"升学风波"的延续和发展。

第四节 哈尔滨——外面的世界

1927年秋,萧红来到了哈尔滨,进入"东省特别区区立第一女子中学"(简称"东特女一中")初中部读书。

萧红就读的中学——"东省特别区区立第一女子中学"
它的前身是私立从德女子中学;坐落在哈尔滨市南岗区邮政街135号一处环境幽雅的俄式住宅区中。

"东特女一中"是当时远近闻名的学校,办学理念较新,聘请了一批思想前卫的新潮教师,又特别重视体育,学校的五个著名的女生因为田径方面成绩斐然,被称为"五虎将"而闻名遐迩。

课外活动也丰富多彩。萧红曾随课外美术小组去野外写生,这使她有了一个将来做画家的梦想;画家虽未做成,但对美术的喜爱却贯穿了她的一生。

多年以后,1936年11月24日,远在日本东京的萧红给上海的萧军的信中说:

我对于绘画总是很有趣味,我想将来我一定要在那上面用功夫的。我有一个到法国去研究画的欲望,听人说,一个月只要一百元。这个地方也要五十元的。况且在法国可以随时找点工作。

(萧军:《萧红书简辑存注释录》P94,哈尔滨:黑龙江人民出版社,1981年1月)

在国文教师指导下,她们开始接触新文学作品并广泛阅读中外名著,阅读鲁迅、郁达夫、莎士比亚、歌德的作品,更使喜爱文学的萧红如苗得雨,也打下了她日后创作的最初根基。

中外名家名著的熏陶,使她的文学修养不断提高;她写作的潜质已在这里初露端倪,不时有些小的习作在校刊上或黑板报上发表,发表时往往署名"悄吟",当她的好朋友沈玉贤问她为什么使用这个笔名时,她回答说是:"悄悄地吟咏嘛。"由此可见她为人的低调。这个笔名一直保留着,后来也是她最常用的一个笔名。

在这样一个新型学校里,她的心灵有了第一次飞翔;也许就是从这里开始,文学和艺术渐渐成为了她终生的精神伴侣。

在这里,萧红和同学们的女性意识逐步被唤醒。

刚开始的时候班里是40多人,但到毕业时仅剩20多人,因为全是女生,不少同学在求学的路上半途而废,出嫁结婚了。

但萧红和几个好友都接受了新思潮的熏陶,不甘心做传统的贤妻良母,她们连恋爱都不想谈,平时愿意和有思想有头脑的男同学交往,进而在外形上也有意识地呈现出一些男性化倾向,头发剪得很短,甚至穿戴也接近男式服装。

1928年6月4日，在"皇姑屯事件"中，由北京返回东北的奉系军阀首领张作霖被炸身亡；日本为进一步控制东北，迫使张学良签订《满蒙新五路》条约，激起东北各界的强烈抗议，11月9日，哈尔滨大、中、小学校学生罢课，上街游行示威。

萧红参加了这次罢课和示威游行。关于这次保护路权的游行，九年后，在汉口，被记在了一篇题为《一条铁路底完成》的散文里。

大约在1928年寒假期间，由父亲做主、六叔保媒而订婚。未婚夫汪恩甲，家住哈尔滨顾乡屯，当时已从阿城吉林省省立第三师范学校毕业，在哈尔滨市道外区基督教会创立的三育小学任教，最初尚好。

1929年，萧红的生活又遇到重创，母亲病故十年后，她又失去了相依为命的老祖父。

年初，祖父的身体就已呈衰相，脑子也快糊涂了，这让她心里充满了恐慌，已经开学几天了，她还因为舍不得离开祖父而待在家里：

那次离家是很痛苦的，学校来了开学通知信，祖父又一天一天地变样起来。

祖父睡着的时候，我就躺在他的旁边哭，好像祖父已经离开我死去似的，一面哭一面抬头看他凹陷的嘴唇。我若死掉祖父，就死掉我一生最重要的一个人，好像他死了就把人间一切"爱"和"温暖"带得空空虚虚。我的心被丝线扎住或铁丝绞住了。

（萧红：《祖父死了的时候》，见《萧红散文》P308，北京：中央广播电视出版社，1993年2月）

3月间，家里大摆宴席，为祖父庆祝80大寿。由于父亲当时已是呼兰的教育局长，为数不少的头面人物也前来祝寿。

可是，两个多月之后，1929年6月7日，81岁的祖父撒手人寰。

失去祖父，萧红痛不欲生；她不仅失去了家庭里温暖的庇护和精神上的支撑，更因为祖父是她最亲的人，失去祖父后，她和家庭之间的关联也近乎隔断，她对家庭已没有了感情和留恋，这使得她一步一步走上了逃离家庭的不归之路。

祖父对于萧红的意义，是贯穿她一生始终的，在她脆弱又敏感的心灵里，在她童年时代的精神故乡里，唯有祖父才是"温暖"和"爱"的烛光。

祖父离世六年后，1936年12月，独居东京的萧红，应斯诺之邀，写下了她一生中堪称自传的经典散文《永久的憧憬和追求》，文末写道：

父亲打了我的时候，我就在祖父的房里，一直向着窗子，从黄昏到深夜——窗外的白雪，好像白棉一样飘着；而暖炉上水壶的盖子，则像伴奏的乐器似的振动着。

祖父时时把多纹的两手放在我的肩上，而后又放在我的头上，我的耳边便响起这样的声音：

"快快长吧！长大就好了。"

二十岁那年，我就逃出了父亲的家庭。直到现在还是过着流浪的生活。

"长大"是"长大"了，而没有"好"。

从祖父那里，知道了人生除掉了冰冷和憎恶而外，还有温暖和爱。

所以我就向这"温暖"和"爱"的方面，怀着永久的憧憬和追求。

（萧红：《永久的憧憬和追求》，首刊于1937年1月10日《报告》创刊号；见《萧红散文》P316，北京：中央广播电视出版社，1993年2月）

萧红在参加社会活动中结识了一些外校的男生，并与在哈尔滨法政大学的远亲陆振舜互生好感，她试图向父亲提出解除与汪家的婚约，遭父亲拒绝，精神上非常痛苦。

1930年夏天，初中毕业，萧红和她的同学们都面临着又一次选择。毕业后，她想去北平读高中，家里想让她早日完婚，矛盾升级；倔犟的萧红不管家里的态度,在同学和友人的鼓动下作着"效法娜拉"的准备。

在"东特女一中",萧红接受了她一生最重要的教育;中学生活开阔了她的视野,丰富了她的知识。

三年的学习对她的一生产生了决定性的影响,从这里毕业后她再也没能够正式地进过学校。在以后的岁月里,除了自己用心自学以外,她所有的基础知识都来自初中阶段的积累。

当年的"东特女一中",现在的"萧红中学"

第二章　古城北平

第一节　难以为继的求学

放暑假前,她已经通过朋友李洁吾等人详细地打听了到北平求学的有关事宜,去那里读高中的想法也越发坚定。虽然订了婚,并不能阻止她求学的脚步。

1930年暑假后,因为不想过早地结婚,经过和同学们的密谋准备,经过和父亲、继母的激烈抗争,心怀读书梦想的萧红效仿出走的"娜拉",随"表哥"陆振舜来到了北平。

"表哥"为此已先行从法政大学退学,4月份就到北平中国大学就读,以准备在北平接应萧红;萧红当时并不爱陆振舜,对她诱惑更大的是北平的新式学校;家里希望的结婚让她反感,当时的新思潮比如易卜生笔下的"娜拉"等更催化了她天生的叛逆。

最初,他们住在民族宫后面西京畿道一所公寓里,后来又搬到西单附近二龙坑西巷的一座小院里;这里距陆的学校"中国大学"(在二龙路内)和她就读的女师大附中校址(在辟才胡同内)都不远。

她在写给好朋友沈玉贤的信中说:

"我现在在女师大附中读书。我俩住在二龙坑的一个四合院里,生活比较舒适。这院里,有一棵大枣树,现在正是枣儿成熟的季节,枣儿又甜又脆,可惜不能与你同尝。秋天到了!潇洒的秋风,好自玩味!"

(沈玉贤:《回忆萧红》,《哈尔滨日报》,1981年6月16日)

萧红在北平求学时租住的西城二龙坑西巷××号,这里离女师大附中不远。今日二龙坑旧址上,已建成北京最"贵"的街道——金融街。

萧红在北平就读时的女师大附中校门,位于西城区辟才胡同。

当年的女师大附中现为北京师范大学附属实验中学,2007年,建校90周年时重修的门楼依稀还似旧时模样。

他们兄妹的到来,也聚集了部分在京的东北青年,一到星期天,大家就到二龙坑西巷的小院里,围坐在小桌旁,开始了漫谈。"我们海阔天空地畅谈着自己的理想、志趣,谈着生活,谈着希望……有过纵情的欢笑,也有过慷慨的悲歌!"(李洁吾:《萧红在北京的时候》,《萧红研究》第一辑,哈尔滨:哈尔滨出版社,1993年9月)

在这一拨热血青年中,李洁吾是去的次数最多的人,他和萧红的交流也更广泛一些,萧红不愿和别人说的事,一般也会找他说。

1931年,求学北平的萧红;西装,短发;据说寄给同学徐淑娟的就是这张。

关于萧红在北京的这一段生活,她自己在后来的文字中很少提及,在这样的"很少"中,发表于1933年的散文《中秋节》不容忽略,你就是把它完全当做纪实文字来看,也未尝不可,那里边饥寒交迫的窘况,应该就是他们当时求学生活的真实写照:

晨间学校打钟了,正是上学的时候,梗妈穿起棉袄打着嚏喷在扫偎在墙根哭泣的落叶。我也打着嚏喷。梗妈捏了我的衣服说:"九月时节穿单衣服,怕是害凉。"

……

到晚间,嚏喷打得越多,头痛,两天不到校。上了几天课,又是两天不到校。

森森的天气逼着我,好像秋风逼着黄叶样,新历一月一日降雪了,我打起寒战。开了门望一望雪天,呀!我的衣裳薄得透明了,结了冰般的。跑回床上,床也结了冰般的。

(萧红:《中秋节》,首刊于1933年10月29日长春《大同报》周刊《夜哨》,见《萧红全集》P1163,哈尔滨:哈尔滨出版社,1998年10月)

文中的"梗妈"是照顾他们起居的当地人；在同一篇文章中还有感人的记载，是说李洁吾看到他们无法御寒而萧红又病得没去上学，他给了"梗妈"两元钱，买了"小煤炉"和取暖的煤。此番"壮举"并不是因为他比他们富裕，而是他当掉了自己的被子，"被子进了当铺，从那夜起，他的被子没有了，盖着褥子睡"。

三年后写下这些文字，并非只是单纯的记录，细腻温婉如萧红，那饱含辛酸的字里行间，一定也有着对困境中弥足珍贵的友情的感念。

由于陆、张两家都反对这种标新立异的出走，几乎中断经济来源，他们的生活很快就出了问题，捉襟见肘，难以为继。

天气变凉之后，萧红家里来信，除了要她赶紧回家结婚的催促，并无一件衣物寄来；陆家则威胁要停止供给生活费用，使他们陷入经济困境，有时靠借钱维持生活，过着朝不保夕的生活。

在一个学期即将结束的时候，陆家下了最后通牒：如果寒假回来就寄去路费，否则就什么也不再寄了。由于压力太大，陆振舜只得向家里妥协，萧红虽心有不甘却又无可奈何，朋友们更是爱莫能助。放寒假了，1931年1月，萧红和陆振舜一起回到东北。

第二节　谜一般的匆匆往返

自从1月萧红离开北京后，李洁吾就时刻惦记着她，他曾给陆振舜写信问过情况，陆回信说她一回去就被家里囚禁起来了……又说如能有五元路费，萧红就能从呼兰逃出来，他马上就想办法兑换了五元钱的"哈尔滨大洋"票子，夹在一本诗集里寄了过去。

2月底，李洁吾忽接陆振舜的电报说萧红已经乘车回京，他去火车站没接到人,然后回到学校,萧红已在宿舍等他了。

分别时间虽然不长,萧红却有了不少的变化,此次见到洁吾,一改早先的清贫,送给他一小瓶白兰地酒和一盆马蹄莲花不说,穿戴上也已阔绰多了;关于回去后的情况和这次出来的情况,几番问询她都避而不谈。

到北京的第二天,萧红就发高烧病倒了,亏得洁吾关心照料,一周左右才渐渐好转;在这期间,他们谈话也多了起来,萧红还是想在北京读书,但现实问题是,洁吾也是心有余而力不足,他们商定,等陆振舜来到再说。

不久之后的一天,"表哥"陆振舜没来,"未婚夫"汪恩甲却不期而至,并径直找到二龙坑西巷小院,萧红的惊愕和尴尬溢于言表,似有隐衷。

汪还当着李洁吾的面,貌似漫不经心地把玩一摞银圆,把它们反复地从手里往桌面上跌落,似在欣赏那相互碰撞的清脆声响……但在萧红和李洁吾听来,那却是让人窒息的声音,声声刺耳……

在那前后,萧红曾平静地告诉朋友自己即将和"汪先生"结婚。
不久后朋友再来看望,却被"梗妈"告知"他们已经走了"。

萧红此次在北京一共20多天,就和汪恩甲一起离开北京,回到东北。

萧红的不辞而别,让李洁吾心中好不郁闷!

第三章　哈尔滨

第一节　"福昌号"屯

回到呼兰后的萧红,受到社会舆论和家庭内部的双重压力,精神十分痛苦,几近抑郁;张父碍于面子又担心她再次出走,1931年3月前后,将其继母、萧红以及她的几个异母弟妹都送到阿城的"福昌号"屯去暂居。

"福昌号"屯是张家的发祥地和大本营,其屯名就取自张家的店铺之名;张廷举的继母徐氏和他的兄、弟、妹妹,以及侄子、侄女几十口人都在那里居住,地处偏僻,交通不便,更利于监管;住在这里的萧红,无异于被软禁,既不能与外界交往,又可避开呼兰人的议论。

与世隔绝的软禁生活,无疑对萧红是严重的折磨;虽然远离了呼兰,但在这里她仍被视为伤风败俗的异类,备受歧视;继祖母(其父之继母)防她更甚于防贼,睡觉都要和她一个炕上,只有27岁尚未出嫁的姑姑(其父之异母妹妹)和刚过门不久的小婶子(其父之异母弟媳)两个年轻的女性同情她,有时偷偷和她说说话。

这样熬过了半年之后,软禁和隔绝已使她不能再忍受,更为恐怖的是,脾气暴躁的大伯父此时患有轻度的精神病,对于她这个家庭的叛逆者,他有时会动手去"管教",并扬言要打死她;在这种情况下,她对家族的失望已达极限,精神防线也近乎崩溃;宁愿出去流浪也不愿再待下去,逃离的愿望自是越来越强烈。1931年10月4日清晨,同情萧红的姑姑、小婶为防她再遭毒打甚至不测,悄悄安排她藏在往阿城送白菜的大车里逃了出去;离开"福昌号"屯到了阿城,在阿城乘火车逃到哈尔滨。

在后来的写作中,这一段生活只在《夏夜》的文字里留下了痕迹,通过那里面的记写,我们约略可以想象当初的那个青春女孩儿在继祖母的苛责中,在"福昌号"屯的日子是怎样的屈辱。

我常常是这样,我依靠墙根哭,这样使她更会动气,她的眼睛好像要从眼眶里跑出来马上落到地面似的,把头转向我,银簪子闪着光:"你真给咱家出了名了,怕是祖上也找不出这丫头。"

我听见她从窗口爬进去的时候她仍是说着我把脸丢尽了。

(萧红:《夏夜》,首刊于1934年3月6日哈尔滨《国际协报》副刊《国际公园》,后收入散文集《桥》,见《萧红全集》P689,哈尔滨:哈尔滨出版社,1998年10月)

被囚"福昌号"屯虽然令人窒息,却使萧红近距离了解到很多底层穷人的生活疾苦,地主和农民的生活,还有"九一八"事变后民间对侵略者的自发反抗;萧红早期作品中,有不少反映农村生活题材的小说,如《王阿嫂的死》《夜风》《看风筝》《生死场》等,都不同程度地取材于这段被监禁的生活。

"福昌号"屯当年的概貌已难以寻觅,今日村头只有一块牌子和路标似的碑石——1931年10月,20岁的萧红最终就是从这里叛离了家庭,再也没有回头。

萧红只身逃离"福昌号"屯之后，闻讯赶回的张廷举震怒不已；他继而宣布开除萧红的族籍，并严令家中的其他子女不许和她有任何往来。

此番从"福昌号"屯的离家非同于上次一般的出走，上次出走后她还是回到了家中；此次却已经没有了退路，是有去无回的决绝。

萧红与家族的联系从此切断，踏上了一条不归之路；直到客死香江，她再也没有回头。

第二节　重返哈尔滨　流浪　落难

逃离家庭的萧红又来到哈尔滨，过上了流浪的日子。

有时在同学家里，有时到堂妹等人的学校里，过一天算一天地流浪着。

关于这一段的生活状况，可以参看萧红的散文《过夜》和《初冬》，这两篇不长的文字相当具体地告诉我们，她独自流浪的惨痛和饥寒交迫的凄惘。

散文《过夜》主要说的是"我"在无处投宿的冬日，被一个年老色衰的暗娼收留的经历。

脚在下面感到有针在刺着似的痛楚。我是怎样的去羡慕那些临街的我所经过的楼房，对着每个窗子我起着愤恨。那里面一定是温暖和快乐，并且，那里面一定设置了很好的眠床。一想到眠床，我就想到了我家乡那边的马房，睡在马房里面不也很安逸吗！甚至于我想到了狗睡觉的地方，那一定有茅草。坐在茅草上面可以使我的脚温暖。

积雪在脚下面呼叫："吱……吱……吱……"我的眼毛感到了纠绞，积雪配着风在我的腿部扫打。当我经过那些平日认为可怜的下等妓馆门前时，我觉得她们也比我幸福。

……

我整天没有吃东西，昏沉沉和软弱，我的知觉似乎一半存在着，一半失掉了。

……

这次我是用夏季里穿的通孔的鞋子去接触着雪地。

(萧红：《过夜》，首刊于1936年2月20日上海《海燕》第二期；后改名《黑夜》收入《萧红散文》；见《萧红全集》P692，哈尔滨：哈尔滨出版社，1998年10月)

1935年初冬，萧红在上海写下散文《初冬》，文中描述了流浪的她在哈尔滨，怎样度着1931年的初冬。

初冬，衣衫单薄落魄不堪的"我"在街上遇到堂弟，姐弟二人去了一家咖啡店。

面对堂弟要她回家的劝说，她几乎不能听进去：

我仍搅着杯子，也许漂流久了的心情，就和离了岸的海水一般，若非遇到大风是不会翻起的。我开始弄着手帕。弟弟再向我说什么我已不去听清他，仿佛自己是沉坠在深远的幻想的井里。

……

出了咖啡店，我们在结着薄碎的冰雪上面踏着脚。

初冬，朝晨的红日扑着我们的头发，这样的红光使我感到欣快和寂寞。弟弟不住地在手下摇着帽子，肩头耸起又落下了；心脏也是高了又低了。

渺小的同情者和被同情者离开了市街。

停在一个荒败的枣树园的前面时，他突然把很厚的手伸给了我，这是在我们要告别了。

"我到学校去上课！"他脱开我的手向着和我相反的方向背转过去。可是走了几步又转回来：

"莹姐，我看你还是回家的好！"

"那样的家我是不能回去的，我不愿意受和我站在两极端的父亲的豢养……"

"那么你要钱用吗？"

"不要的。"

"那么你就这样子吗？你瘦了！你快要生病了！你的衣服也太薄啊！"弟

弟的眼睛是深黑色的,充满着祈祷和愿望。我们又握过手,分别方向走去。

太阳在我的脸上闪闪耀耀,仍和未遇见弟弟以前一样,我穿着街头,我无目的走。寒风,刺着喉头,时时要发作小小的咳嗽。

弟弟留给我的是深黑色的眼睛,这在我散漫与孤独的流荡人的心板上,怎能不微温了一个时刻?

(萧红:《初冬》,首刊于1936年1月6日上海《生活知识》第一卷第七期;后收入散文集《桥》,见《萧红全集》P720,哈尔滨:哈尔滨出版社,1998年10月)

此时在她心里,也许还有一个关于读书和求学的梦想,是一个渴望太久却无法实现的幻想。

严酷的冬天如期而至,寒冷在阻止她流浪的脚步;"九一八"事变后日军进逼哈尔滨,日益混乱的时局也令她茫然和惶恐,她又一次面临着生存难题。

其实摆在她面前的只有两种选择:要么回家,回到父亲那里;要么去找汪恩甲,那毕竟是名正言顺的"未婚夫",尽管她并不十分爱他。

她选择了后者。

虽然因与陆振舜出走北京坏了名声,汪家已经解除婚约,但汪本人对萧红依然有好感;只是汪家一时不能去,他们只能住在外面。大约在1931年11月中旬,他们一起住进了位于哈尔滨道外区正阳十六道街的东兴顺旅馆。

他们身上并没有多少钱,之所以能顺利入住且住宿饮食等都是挂单消费,是因为旅馆老板了解汪家殷实的家境,此外,也与"九一八"事变后住宿业不景气有关。

萧红的堂妹后来有回忆说,1932年的春天,萧红曾找到她和姐姐读书的东特区第二女子中学,她们姐妹把她留下,在征得学监和训育主任同意后,让萧红在高中一年级插班读书;但不久之后,她却不辞而别,让她们很是不解。

此番不辞而别,实有难言之隐,本来一心想要读书的萧红又遭遇到人生的重大关口,她发现自己已怀了身孕,这使她备感恐怖,备受打击,万般无奈中走投无路,只能又回到东兴顺旅馆。

这时他们已经在东兴顺住了几个月,并拖欠了旅馆400多元的食宿费,旅馆业已开始催账;为了偿还债务,更为了恳求母亲接纳萧红(和她腹中的胎儿),在他们商议之后,1932年5月,汪恩甲单独回家筹款、求情,说是速去速回。他走以后,百无聊赖的萧红忐忑不安,望穿秋水;此时,上学不成又有了身孕,她已没有奢望,只求一切顺利,让她进门做个汪家的儿媳,然后相夫教子。她不曾料到,等待着她的是天塌地陷一般的灭顶之灾。

一个多月后,汪恩甲还是音信全无,萧红的期盼已经没有了底线,旅馆老板更是丧失了信心和耐心,已经把她作为人质,从客房转到了二楼甬道尽头一间发霉的储藏间里,并派人严加看管,以防逃跑。并预计着如果再过一段时间汪还不回来,就把这个人质卖入道外的"圈儿楼"(妓院)以抵债。

在此期间,东北历史上发生了一桩重大事件,1932年3月,日本扶持建立了"满洲国",定都新京(长春)。

"满洲国"建立前后时局混乱,平民失踪和被杀的事情屡有发生;汪恩甲的人间蒸发也成了一个无解之谜,从此就再也没有与他有关的任何信息,而萧红后来的文字中,尽管有那么多近乎纪实的自述,但是关于这个人,几乎只字未提。

此时,失去人身自由,且怀着重孕的萧红处在了极其可怕的危困之中。她呼天不应,偶有小诗伤怀寄情。

写于东兴顺的诗《偶然想起》:

去年的五月,
正是我在北平吃青杏的时节,
今年的五月,
我生活的痛苦,
真是有如青杏般的滋味!

第三节　求助报社　遭遇激情

当年的6月下旬开始,哈尔滨就阴雨连绵,持续下了二十多天雨;进入7月,萧红的绝望与日俱增,她拖着越来越沉重的身体,每天呆呆地望着窗外似乎永远都下不完的雨,已近崩溃;她不想束手待毙,心中越发焦虑。

6月,曾向北平的朋友李洁吾写信求助,但没有回音。

那时在哈尔滨有一份私人办的报纸叫《国际协报》,副刊上常登一些文艺作品,反映一些普通人的诉求,销路较好,这也许是萧红困居旅馆期间能看到的仅有的报纸,甚至也是她和外界联系的唯一渠道;因此,大约在7月9日,落难中的萧红投书《国际协报》,诉说险境,引起了注意。

位于道外的东兴顺旅馆,被囚禁的萧红从这里向《国际协报》发出了求救信息。

《国际协报》副刊主编裴馨园是一个有正义感的知识分子,接到信后非常重视并带上几个年轻作者前去探视,并警告老板不要虐待那位孕妇,恢复供应食品;这使绝望中的萧红心里有了一点点希望;第二天,她以想要几本书看为由,连续打了几次电话找裴馨园不遇,而每次接电话的都是在那里临时替他处理稿件的三郎;当天下午,裴馨园给萧红准备了两本书,并写了一封安抚信,委托三郎去送给那个落难的女子。

彼时年轻的三郎,就是后来文坛上大名鼎鼎的萧军。

1932年7月12日的黄昏,三郎来到了东兴顺旅馆那间阴暗的储藏室。

本想交了书和信马上就走的三郎,被"落难女子"要"谈一谈"的恳求留了下来;在随后的长谈中,他们几乎无所不谈。在这样的长谈中,慢慢地,三郎被眼前落难人的困境和聪慧形成的巨大反差所打动,特别是看到她写的诗,画的画,还有仿照魏碑《郑文公》而临摹的几个"双钩"大字后,三郎的感情世界发生了剧烈的不可逆转的变化:由最初的"漠然"到在心里发下誓言,一定要不惜一切代价,拯救这个"美丽的灵魂"!

他居然不可思议地爱上了这个"落难女子"。

"这时候,我似乎感到世界在变了,季节在变了,人在变了,当时我认为我的思想和感情也在变了……出现在我面前的是我认识过的女性中最美丽的人!也可能是世界上最美丽的人!她初步给予我的那一切形象和印象全不见了,全消泯了……在我面前的只剩有一颗晶明的、美丽的、可爱的、闪光的灵魂!……"(萧军:《萧红书简辑存注释录》P154,哈尔滨:黑龙江人民出版社,1981年1月)

几十年之后,已过古稀的萧军在回忆文章中如是说。

临走时,他留下了身上仅有的五毛钱,那是他返程的车钱,因此就只能步行十里路走回住处。

第三章 哈尔滨

经历了7月12日的初会和长谈,萧军脑海里已经刻上了这个人的影子,心中的牵挂混杂着青春的激情,驱使他迫切地想尽快再见到与众不同的她;于是,第二天傍晚时分,年轻的三郎又来到东兴顺旅馆,对那困顿中的女子做第二次访问。

这一次不是受人之托,是他自己积极主动的作为。

这一次,这第二次的造访,从某种程度上来说,几乎有着改变命运的意义。

这一次,这一天,这一晚,青春和激情汇聚成的潮水已经不可遏止,已经把他们淹没;他们度过了一个暴风骤雨般的激情之夜。

几个月之后,萧军写下那篇被称做"实录文字"的《烛心》,里面有着明确的记载:

"不错!我们是太迅速了,由相识至相爱仅是两个夜间的过程罢了。竟电击风驰般,将他们经年累月,让为才能倾吐的,尝到的……那样划着进度的分划——某时期怎样攻;某时期怎样守;某时期该吻,某时期该拥抱,某时期该……怎样——天啦!他们吃饱了肚子,是太会分配他们那仅有的爱情了,我们不过是两夜十二个钟间,什么全有了。在他们那认为是爱之历程上不可缺的隆典——我们全有了。轻快而又敏捷,加倍的做过了,并且他们所不能做,不敢做,所不想做的,也全被我们做了……做了……"

"及至我们醒觉,我们的前额,我们的胸窝,全在横溢着汗浆。那如峭石的白壁墙,窗口条条的铁栏栅……现实地,无疑我们仍是在地狱的人间一个角落拥抱着啊!"

(萧军:《烛心》,载《跋涉》P32,哈尔滨:哈尔滨五画印刷社,1933年10月;见黑龙江省文学艺术研究所复制本,1979年10月)

三郎的大胆示爱,让两人闪电定情。萧红在"狂恋"中写下了组诗《春曲》等,充斥着对生活的向往和对叛逆爱情的大胆讴歌。这些不乏越轨笔致的情诗,应是萧红最初的文学创作。

《春曲》四:

只有爱的跰蹰美丽,
三郎,我并不是残忍,
只是喜欢看你立起来又坐下,
坐下又立起,
这其间,
正有说不出的风月。

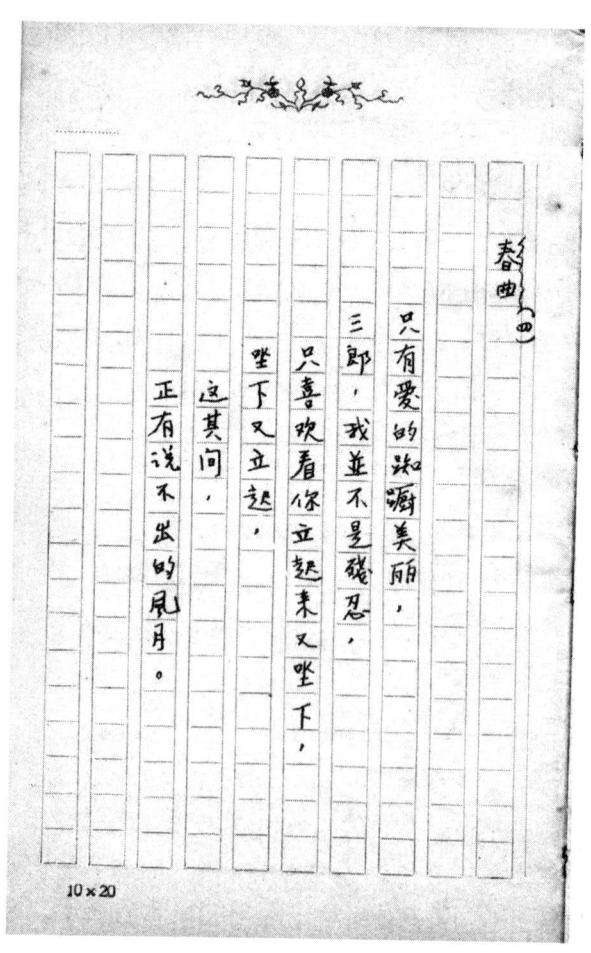

《春曲》之四的手迹

尽管如此,巨额欠账也无法偿还,对于落难中的萧红,三郎他们还是一筹莫展。

第四节 洪水袭来 绝处逢生

机会终于来了。

在连续降水二十多天之后,年久失修的松花江大堤终致决口,8月5日、7日、10日和12日连续溃决,道里道外一片汪洋,水深数尺,皆可行船。

1932年8月,洪水过后的哈尔滨街景,道可行船。

倒塌的民房不计其数,逃难的人群呼天抢地。

东兴顺旅馆地处道外,地势低洼,洪水很快就淹没了一楼,人们纷纷逃生,慌不择路,暂时无法逃走的都拥到了二楼,等待救助的船只。

老板与伙计也仓皇出逃,什么都顾不上了,这才心有不甘地放弃了对萧红的囚禁。

在更大的洪峰到来之前,拖着重孕之身,冒着生命危险,萧红向一只摇摆黄色旗子的搜救难民的柴船(公用救济船)呼救,终于被从二楼的窗台接走。然后按照三郎此前留下的地址,寻到位于道里区的裴馨园家中。

水就像远天一样,没有边际的漂漾着,一片片的日光在水面上浮动着。大人、孩子和包裹青绿颜色,安静的不慌忙的小船朝向同一的方向走去,一个接着一个……

1932年8月,洪水过后的哈尔滨街景,道可行船。

东兴顺旅馆,左起第三个带小阳台的房间,就是萧红被囚的储藏室,洪水淹没一楼之后,孕妇萧红从这里呼救,被一只搜救灾民的柴船从阳台上解救。

第三章 哈尔滨

一个肚子凸得馒头般的女人，独自的在窗口望着。她的眼睛就如块黑炭，不能发光，又暗淡，又无光，嘴张着，胳膊横在窗沿上，没有目的地望着。

……

她的肚子不像馒头，简直是小盆被扣在她肚皮上，虽是长衫怎样宽大，小盆还是分明地显露着。

倒在床上，她的肚子也被带到床上，望着棚顶，由马路间小河流水反照在水面，不定型地乱摇，又夹着从窗口不时冲进来嘈杂的声音。什么包袱落水啦！孩子掉下阴沟啦！接续的，连绵的，这种声音不断起来，这种声音对她似两堵南北不同方向立着的墙壁一样，中间没有连锁。

"我怎么办呢？没有家，没有朋友，我走向哪里去呢？只有一个新认识的人，他也是没有家呵！外面的水又这样大，那个狗东西又来要房费，我没有……"她似乎非想下去不可，像外面的大水一样，不可抑止的想："初来这里还是飞着雪的时候，现在是落雨的时候了。刚来这里肚子是平平的，现在却变得这样了……"她用手摸着肚子，仰望天棚的水影，被褥间汗油的气味，在发散着。

天黑了，旅馆的主人和客人都纷攘的提着箱子，拉着小孩走了。就是昨天早晨楼下为了避水而搬到楼上的人们，也都走了。骚乱的声音也跟随地走了。这里只是空空的楼房，一间挨着一间关着门，门里的帘子默默的静静的长长的垂着，从嵌着玻璃的地方透出来。只有楼下的一家小贩，一个旅馆的杂役和一个病了的妇人男人伴着她留在这里。

……

松花江决堤三天了，满街行走大船和小船，用箱子当船的也有，用板子当船的也有，许多救济船在嚷，手里摇摆黄色旗子。

住在二屋楼上那个女人，被只船载着经过几条狭窄的用楼房砌成海岸的小河，开始向无际限闪着金色光波的大海奔去。她呼吸着这无际限的空气，她第一次与室窗以外的太阳接触。江堤沉落到水底去了，沿路的小房将睡在水底，人们在房顶蹲着。小汽船江鹰般的飞来了，又飞过去了，留下排成蛇阵的弯弯曲曲的波浪在翻卷。那个女人的小船行近波浪，船沿和波浪相接触着摩擦着。船在浪中打转，全船的人脸上没有颜色的惊恐，她尖叫了一声，跳起来，想要离开这个漂荡的船，走上陆地去。但是陆地在哪里？

满船都坐着人,都坐着生疏的人。什么不生疏呢?她用两个惊恐、忧郁的眼睛,手指四张的手摸抚着突出来的自己的肚子。天空生疏,太阳生疏,水面吹来的风夹带水的气味,这种气味也生疏。只有自己的肚子接近,不辽远,但对自己又有什么用处呢?

那个波浪是过去了,她的手指还是四处张着,不能合拢——今夜将住在非家吗?为什么蓓力不来接我,走岔路了吗?假设方才翻倒过去不是什么全完了吗?也不用想这些了。

六七个月不到街面,她的眼睛缭乱,耳中的受音器也不服支配了,什么都不清楚。在她心里只感觉热闹。同时她也分明的考察对面驶来的每个船只,有没有来接她的蓓力,虽然她的眼睛是怎样缭乱。

她嘴张着,眼睛瞪着,远天和太阳辽阔的照耀。

(萧红:《弃儿》,首刊1933年5月6日长春《大同报》副刊《大同俱乐部》;见《萧红全集》P1148,哈尔滨:哈尔滨出版社,1998年10月)

以上是逃离了东兴顺旅馆数月之后,萧红所写的长篇散文《弃儿》中的有关文字。这是一篇关于萧红早年生活的极其重要的文章,叙述了从逃离东兴顺到产下女婴后出院过程中的种种细节,其重要性在于全篇几乎没有虚构的成分,完全可以作为第一手资料对待。文中的"女人","肚子凸得馒头般的女人"、"住在二屋楼上那个女人"、"她"均指作者自己无疑;"蓓力"即是青年萧军;"非"当然就是笔名"老斐"的《国际协报》副刊主编裴馨园。

文章再清楚不过地告诉后来的读者,濒临绝境的萧红在怎样的境况下是怎样地走出了东兴顺旅馆,怎样"用两个惊恐、忧郁的眼睛"来打量六七个月没有到过的街面,一切皆是生疏与不适,而逃难的途中又是怎样地险象环生。

这里有一个细节应该引起我们的注意,就是萧红在逃离东兴顺旅馆时是没有人接应的,本来要来接她的萧军因为走岔了路而没有接上,所以文中才有"同时她也分明的考察对面驶来的每个船只,有没有来接她的蓓力,虽然她的眼睛是怎样缭乱"的字句。这一切皆明白无误地告诉读者,她具备着怎样的与生俱来的求生本能和异乎寻常的求生愿望,似这般永不放弃也是贯穿她一生的最可宝贵的精神特质。

萧红自己对这一片段的记写，多年之后也得到了萧军的印证，1978年7月，萧军复信现代文学研究者黑龙江大学中文系教授陈隄，回答他提出的有关问题时说：

"由东兴顺旅馆是萧红自己逃出来的，舒群并未去接，那时道外大水已涨到了旅馆的二层楼，旅馆的人全跑了，也不监视她了，跳船跑到了老斐家中。等到我搭船和泅水去接她时，旅馆中已经没有人了。"

（见《萧军全集》第十五卷·书信P434，北京：华夏出版社，2007年）

她终于脱离了险境，重获自由！

她，安全了！

真真是天可怜见！天无绝人之路！

第五节　浪儿无国亦无家

逃离了东兴顺的萧红找到萧军，暂时被安置在裴家的客厅居住，虽然很无奈，但也没有办法；裴馨园一再嘱咐家人说："不要去打搅她，让她多休息……"但裴的家人却未必这样想这样做。他们之落魄不堪已被视为额外的负担，这使得两萧在裴家的境遇相当尴尬。

为了尽量减少对裴家的打扰，也为了自己那点小小的自尊心，他们尽量不在家里待着，只要有时间，就到外面的街上去闲逛，到公园里去"坐在大伞下听风声和树叶的叹息"，当时之狼狈，恰似萧红在《弃儿》中的自嘲：（他们）"就像两条刚被主人收留下的野狗一样，只是吃饭和睡觉才回到主人家里，其余尽是在街头跑着蹲着。"

另外，两个尚在热恋中的人却没有属于自己的空间，这也使他们烦躁莫名，"两颗心膨胀着，也正和松花江一样，想寻个决堤的出口冲出去。这不是想只是需要"。"蓓力的眼睛不知为什么变成金刚石的了！又发光，又坚硬。"

浪儿无国亦无家　只是江头暂寄槎
1932年秋,逃离了东兴顺的萧红和萧军在哈尔滨道里公园。

一样秋花经苦雨　朝来犹傍并头枝
1932年秋,两萧在哈尔滨道里公园。

更为严重的问题是萧红的身体状况,"肚子越胀越大了!由一个小盆变成一个大盆,由一个不活动的物件,变成一个活动的物件",产期愈发临近了。

衣食无着的流浪生活和严重的营养缺乏使得萧红的身体备受伤害,也因此蒙受了更多的苦痛,在那篇实录文章《弃儿》里,关于产前疼痛的折磨,这样的字句充斥其中:

"肚子疼得更厉害了,在土炕上滚成个泥人了",

"野兽疯狂般的尖叫声,从窗口射下来",

"肚子疼得半昏了",

"肚子疼得不知人事,在土炕上滚得不成人样了",

"这种痛法简直是绞着肠子,她的肠子像是被抽断一样。她流着汗,也流着泪",

"芹像鬼一个样,在马车上囚着",

"她扯着头发,在蓓力的怀中挣扎",

"脸已是惨白得和铅锅一样"……

(上述描写均见《弃儿》)

1932年8月底,在经历了撕裂般的痛苦挣扎后,萧红在当时市立医院的三等产妇室生下一个女婴,身体极度虚弱。

无力抚养这个没有父亲的孩子,六天之后被别人抱走。当孩子被抱走的时候,做母亲的"把头用被蒙起,她再不能抑止,这是什么眼泪呢?在被里横流"。

萧红住院期间,萧军每天都去探视,但为了躲避随时都会向他要钱的庶务,他往往从窗口跳进跳出;住院后期,正值中秋,为了安慰病中的萧红,也为了纪念他们的患难情意,萧军曾写下《寄病中的悄悄》三首——

浪儿无国亦无家,只是江头暂寄槎;结得鸳鸯眠更好,何关梦里路天涯。

1932年秋,萧红诞下女婴的产院,当时的市立医院,如今的哈尔滨儿童医院。

> 寄病中的情人
> 一九三二年中秋节荣表於哈东溪亭画报者
> 之三也
>
> 浪兒無國岳無家,只是
> 江頭暫寄樓;結得鴛鴦
> 耻便好,何防夢裡認天
> 涯!
>
> 浪拋紅豆結相思,結得
> 相思恨已遲;一樣秋花經
> 苦雨朝來搖傍並頭枝。
>
> 涼月西風漠漠天,寸心如
> 霧復如烟;恒南寰臾問
> 干濕,一是雙情寄肩。
>
> 萧军
> 一九八二年十月十八日托
> 北京银锭桥西海花楼

1932年中秋节前后,萧军赠给产褥期萧红的三首诗。

浪抛红豆结相思,结得相思恨已迟。一样秋花经苦雨,朝来犹傍并头枝。

凉月西风漠漠天,寸心如雾复如烟。夜阑露点栏杆湿,一是双双悄依肩。

没钱支付住院费和药费,无法出院;靠了三郎的强硬和蛮横,才勉强得到最最起码的治疗。有一次在萧红的剧痛发作时,"一条着了伤的蛇似的在床上扭转……"医生以没交费为由不给用药,此举激怒了焦虑的萧军,怒不可遏的他撇开护士,直奔医生办公室,掀翻了医生那正在对弈的棋盘,揪住了医生的衣服前襟,威胁说:

"如果你今天医不好我的人,她若是从此以后死去,我会杀了你,杀了你的全家;杀了你们的院长,你们院长的全家……杀了你们这医院里所有的人,用你们所有的生命来抵偿她……我等待你给我医治——

记不清我是怎样把这个大夫放开,也记不清我是怎样来在她的身边,总之那时候我的感情腾飞着,要爆裂了自己,也要爆碎了一切。"

(萧军:《为了爱的缘故》,载《十月十五日》P95,济南:山东人民出版社,1983年5月)

在同一篇文章中,我们还看到这样的情景:

这种狂怒的发作换来了院方及时的治疗,当药力见效,"病人"的脸色由"完全变白"转为"晴着的天一般的恬静",并对"我"说"亲爱的,这是你斗争的胜利"时,"一种再也不能制止下去的耻辱的泪,从我的眼中滴流了下来了"!

(参见萧军:《为了爱的缘故》,载《十月十五日》P95,济南:山东人民出版社,1983年5月)

住了三个礼拜后,被院方赶了出去。

"没有小孩也没有汽车,只有眼前的一条大街要她走,就像一片荒田要她开拔一样。

蓓力好像个助手似的在眼前引导着。

他们这一双影子,一双刚强的影子,又开始向人林里去迈进。"

(萧红:《弃儿》,首刊1933年5月6日长春《大同报》副刊《大同俱乐部》;见

1932年秋,出院时路过兆麟公园。
在萧军的搀扶下,产后萧红的羸弱显而易见;他们足迹所到之处,大水之后的遍地狼藉也依稀可见。

《萧红全集》(下)P1148,哈尔滨:哈尔滨出版社,1998年10月)

  出院后,因为无处可去,还是回到裴家;时间不长,矛盾就爆发了,起因是裴妻黄淑英听信别人所说萧红的闲话而转述给萧军,引起萧军脾气的发作,他们为此发生了激烈的争吵,彼此伤了和气,这样,裴家显然已无法再住下去;裴馨园让孩子送给他们一封信并五元钱,请他们另寻住处。

  他们第二天就离开了裴家。

  当时正值大水过后,灾民甚多,便宜的小旅馆早已人满为患,他们在道里新城大街(今道里尚志大街)找到一家由白俄经营的欧罗巴旅馆,住进了三楼棚顶下的一个小房间,开始了共同的生活。

  这里,是第一个属于他们自己的空间。

  没有固定收入,仅靠萧军当家庭教师和借债勉强度日,生活困苦。

位于道里新城大街(今道里尚志大街)由白俄经营的欧罗巴旅馆,在三楼棚顶下一个小房间里,他们熬过了最初饥寒交迫的时光。

关于暂住在欧罗巴旅馆的生活状况,可参看《商市街》中的有关篇目;在这部写于1935年,出版于1936年的集子里,前面的几篇都是写搬家商市街之前即在欧罗巴旅馆的生活,计有《欧罗巴旅馆》《雪天》《他去追求职业》《家庭教师》《来客》《提篮者》《饿》七篇。那里面对入住前后、雪中求职、四处借贷和让她头昏眼花的饥饿,都有着非常具体而到位的描述。

在这里挨过了饥寒交迫的几天后,1932年11月初,萧军被中东铁路哈尔滨铁路局一个王姓科长聘为家庭教师,教他的儿子国文和武术,每月20元的报酬,并可用住房抵偿学费,谈妥后,他们马上搬到了道里区商市街(今道里区红霞街)25号院内,住在雇主家一间终日不见阳光的半地下偏厦小屋,第一次有了属于自己的小窝。

从此,算是有了安身之处,终结了无处容身的流浪生活。

这里,是他们的第一个家。

当年的商市街25号大门外景,院里一间半地下小屋成了他们的第一个家。

第六节　起步商市街

搬家,什么叫搬家?移了一个窠就是罢!
一辆马车,载了两个人,一个条箱,行李也在条箱里。
到了:商市街××号。
他夹着条箱,我端着脸盆,通过很长的院子,在尽那头,第一下拉开门的是郎华,他说:"进去吧!"
"家"就这样的搬来,这就是"家"。
(萧红:《搬家》,《商市街》P39,《文学丛刊》第二集第12册,上海文化生活出版社,1936年8月初版)

虽然有了住处,也只是暂时有了安身之处,依然穷困潦倒,窘迫不堪,往往没钱买米买柴,挣扎在饥饿线上。

此时的萧红早就没有了张家大小姐的矜持,居然也和小主妇一样弄着晚餐什么的,因为一切都在提醒着她,"这不是孩子时候了,是在过日子,开始过日子"。(萧红:《商市街·度日》)。

那最最普通的果腹之物黑列巴(面包)和白盐,成了这对苦命鸳鸯"蜜月期"唯一的生命线。

商市街时期,特别是前期生活中无时不在的冻馁,无处不在的窘困,在她的记忆里打下了永久的烙印,铭心刻骨,不能忘怀;在写于1935年,出版于1936年的散文集《商市街》中,我们随处都能看到这种烙印留下的印痕,令人不忍卒读。

搬家商市街后的两萧,主要是靠萧军做家庭教师的微薄收入度日,但那"工作"又很不稳定,时有时无,时断时续,所以在很长一段时间里,他们往往都要凭着借贷和典当度日。

那一阶段的两萧,一个(男人)是为了生存终日奔波,教武术,教国文,求职,借钱……

他借回来的钱总是很少,三角,五角,借到一元,那是很稀有的事。

(萧红:《商市街·黑"列巴"和白盐》)

早晨起来,就跑到南岗去,吃过饭,又要给他的小徒弟上国文课。一切忙完了,又跑出去借钱。晚饭后,又是教武术,又是去教中学课本。

(萧红:《商市街·他的上唇挂霜了》)

像春天的燕子似的:一嘴泥,一嘴草……我和我的爱人终于也筑成了一个家!无论这个家是建筑在什么的梁檐下,它的寿命能够安享几时,这在我们是没有顾得的,也不想顾得的。我的任务,只是飞啊飞……寻找着可吃的食粮,好使等待在巢中病着的一只康强起来!

(萧军:《为了爱的缘故》,载《十月十五日》P108,济南:山东人民出版社,1983年5月)

一个(女人)是"他出去找职业,我在家里烧饭,在家里等他。火炉台,我开始围着它转走起来。每天吃饭,睡觉,愁柴,愁米……"

(萧红:《商市街·度日》)

若没有木柈,我就披着被坐在床上,一天不离床,一夜不离床,但到外边可怎么能去呢?披着被子上街吗?那还可以吗?

从冻又想到饿,明天没有米了。

(萧红:《商市街·飞雪》)

这就是"家",没有阳光,没有暖,没有声,没有色,寂寞的家,穷的家,不生毛草荒凉的广场。

我站在小过道窗口等郎华,我的肚子很饿。

郎华回来了,他的上唇挂霜了。

(萧红:《商市街·他的上唇挂霜了》)

没有借到钱,电车就上不去。走吧,挨着走,肚痛我也不能说。

到家把剩下来的一点米煮成稀饭,没有盐,没有油,没有菜,暖一暖肚子算了。

(萧红:《商市街·借》)

这不是给爱人买瓜子的时候,吃饭比瓜子更要紧;饿比爱人更要紧。

(萧红:《商市街·买皮帽》)

萧红也出入当铺,跟当铺的掌柜讨价还价,斗智斗勇;跑去女一中向曾经教过自己的老师借钱;身体稍稍恢复之后,她也很想为这个家有所付出并尝试出去找事做,做过短期的广告员……

也正是在这里,正是在这种情况下和环境中,萧红开始接触到一些喜爱文艺的青年朋友,扩大了交往的范围,并在"牵牛房"聚会中受到左翼文艺思潮的影响,成为"星星剧团"的成员之一,还积极响应金剑啸发起的旨在救济水灾难民的"维纳斯画展"。

1933年夏天,哈尔滨兆麟公园。
左起萧红、萧军。金人——当时的文艺青年,后来的俄罗斯文学翻译专家;舒群——现代作家,萧红他们终生的朋友;黄田——萧军讲武堂的前后同学,曾多次资助困顿中的两萧;裴馨园——《国际协报》副刊主编,营救萧红的发起人;樵夫——喜爱文艺的青年职员,萧军的小说《职业》中依稀有着樵夫的影子。

更为重要的是,萧红在萧军和罗烽、金剑啸、舒群、白朗等人的影响鼓励下,于1933年4月18日写了长达万余字的纪实散文《弃儿》,这篇用小说笔法写作的散文,完全是萧红自己困厄生活的实录,萧军把稿子投给了做编辑的同学,从1933年5月6日到5月17日,在当时影响最大的长春满洲国的官方报纸《大同报》副刊《大同俱乐部》上连载,文章连载时作者署名"悄吟",这是她写作初期最主要的笔名。

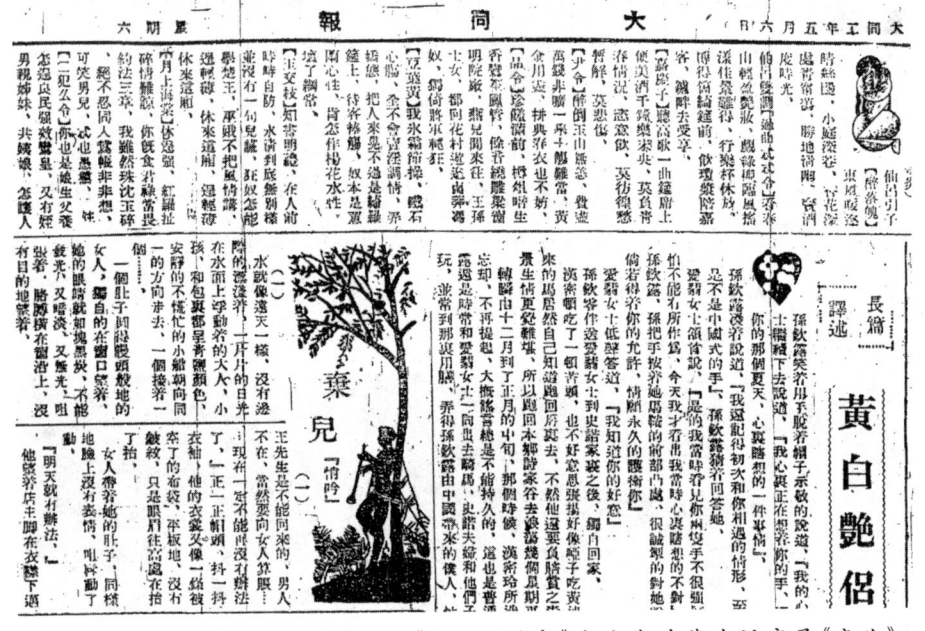

1933年5月6日起,《大同报》副刊《大同俱乐部》分十期连载生活实录《弃儿》。作者署名"悄吟"。文末有注:"一九三三,四,一八,哈尔滨"

这对于当时在写作上还缺乏自信的萧红是个极大的鼓舞。

接着在5月21日,又写下反映农民悲惨命运的小说《王阿嫂的死》。

这两部作品的完成,标志着她写作生涯的蹒跚起步。

此后,又陆续在《大同报》副刊《大同俱乐部》发表了《看风筝》《小黑狗》

1933年夏,萧红和友人在公园——应该是"牵牛房"的朋友吧!

《中秋节》等小说和散文,从此踏上创作之路。

1933年8月,长春《大同报》文艺周刊《夜哨》创刊,萧红成为主要撰稿人之一,发表了《两个青蛙》《哑老人》《夜风》《八月天》等作品。从此一发不可收。

而确立两萧在东北文坛地位的,是小说散文集《跋涉》的出版。

1933年9月初,《国际协报》上登载了一则广告:

三郎、悄吟著之《跋涉》,计短篇小说十余篇,凡百余页。每页上,每字里,我们是可以看到人们"生的斗争"和"血的飞溅"给以我们怎样一条出路的线索。现在在印刷中,约9月底全书完成。

1933年夏,两萧立于商市街25号院内的小屋前。

1933年10月，在舒群等友人的大力支持和赞助下，《跋涉》自费由哈尔滨"五画印刷社"结集出版。

其中萧军作品六篇：《桃色的线》《烛心》《孤雏》《这是常有的事》《疯人》《下等人》。

萧红作品五篇：《王阿嫂的死》《广告副手》《小黑狗》《看风筝》《夜风》，在萧军作品之后萧红作品之前，还刊出萧红所写小诗《春曲》（一）。

萧军署名三郎，萧红署名悄吟，初印1000册。

其中萧红的作品大部分已在长春《大同报》周刊《夜哨》、《哈尔滨公报》副刊《公田》等报刊上发表过。

《跋涉》的出版，轰动了沦陷初期的东北文坛，受到读者的广泛好评，也为萧红继续从事文学创作打下了坚实的基础。

这是他们初期文学活动中出版的唯一单行本。《跋涉》的出版，也使得萧红作为一个优秀作家的创作潜质逐渐浮出水面。

从此他们在东北文坛名声大振，经济状况也有所好转。

1933年秋，两萧在哈尔滨。

1933—1934年冬天，（右起）萧红、萧军和罗烽、山丁在哈尔滨。

第七节 海上几月里浪小

书固然是出来了,但它的命运却不怎么好;《跋涉》中的作品涉及了生活的阴暗面,带着明显的现实主义色彩,引起了伪满当局的注意,很快就被查禁了。

1934年年初,《夜哨》停刊后,白朗等在哈尔滨《国际协报》副刊上创办了《文艺》周刊,为不让有关人员看出仍是《夜哨》的班底,作者大都改换了笔名,萧红署名田娣,萧军署名田倪。《文艺》周刊于1934年1月18日创刊,印行48期后于年底停刊。

《文艺》周刊继《夜哨》停刊后,成为萧红发表作品的另一重要园地,她在这里发表了一系列作品,既得到了锻炼,也提高了知名度。可以这么说,《夜哨》周刊和《文艺》周刊,是萧红创作起步阶段的两块福地;在这里的练笔、耕

1934年,萧红和白朗(左)、关大为(中)。
白朗当时主编《国际协报》副刊;关大为时任《国际协报》记者。

耘,加速了她成为作家的进步和成熟。

此间应该引起重视的是,1934年4月底至5月17日发表在哈尔滨《国际协报》副刊《国际公园》的小说《麦场》,它的第一、第二两部分后来成为《生死场》中的第一章"麦场"和第二章"菜圃",两者之间基本相同,改动有限;这让我们有理由相信,成名作《生死场》的写作在哈尔滨时期就已经开始了。

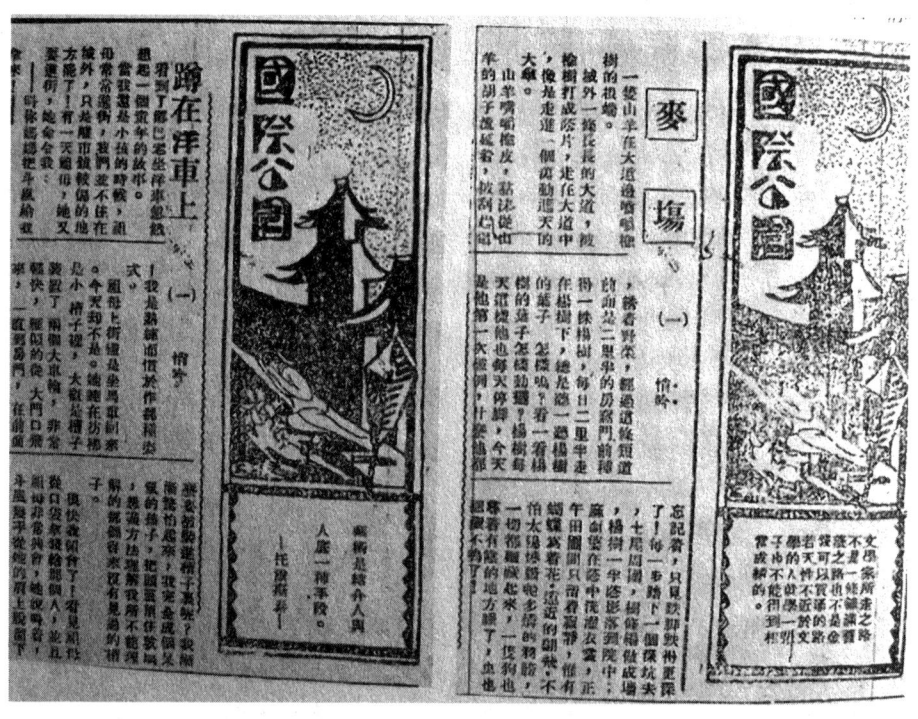

1934年4月20日开始,在《国际协报》副刊"国际公园"连载《麦场》。

《跋涉》被查禁之后,他们自己组织的剧团也被解散,伪满当局加紧推行文化专制,1933年9月10日颁布了《惩治叛徒法》,10月13日又公布了《出版法》,等于在很大程度地限制了民众的言论、集会、结社和出版自由,白色恐怖日趋严重,周围的朋友中不断有人被捕和神秘失踪,他们的处境也已非常不好;商市街住处周围也出现了"门前的黑影",恐怖离他们越来越近……左翼文化青年陆续离开哈尔滨,6月初,在朋友们的劝说和资助下,他们也已准备乘船去上海,遇到朋友就讨论:"海上几月里浪小?海船是怎样晕法?……"他们决定非走不可了,一定要逃离"满洲国"。大体定在中旬出走。

要离开哈尔滨的想法让萧红陷入了不安,他们的日子刚刚安稳一些,真的不想再去漂泊,但是"没有什么办法,逃,没有路费,逃又逃到什么地方去?不安定的生活又重新开始。从前是闹饿,刚能弄得饭吃,又闹着恐怖"。
(萧红:《商市街·白面孔》)

哈尔滨要与我们别离了!还有十天,十天以后的日子,我们要过在车上,海上,看不见松花江了,只要"满洲国"存在一天,我们是不能来到这块土地。
(萧红:《商市街·最后的一星期》)

先期逃离的舒群去了青岛,稍稍稳定后向他们发出呼唤,和朋友们反复讨论后,朋友也都支持他们去青岛。

依依不舍,变卖家具等物品。

要离开哈尔滨,离开商市街25号他们辛辛苦苦建起来的这个小窝,作为操持家务的家庭主妇,萧红最舍不得的似乎就是天天要用到的小锅等物,真是民以食为天。

第二天早晨又用它烧了一次饭吃,这是最后的一次。我伤心,明天它就要离开我们到别人家去了!永远不会再遇见,我们的小锅。没有钱买米的时候,我们用它盛着开水来喝;有米太少的时候,就用它煮稀饭给我们吃。现在它要去了!

共患难的小锅呀!与我们别开,伤心不伤心?
(萧红:《商市街·拍卖家具》)

两萧离别商市街的情景,散文集《商市街》末篇《最后的一星期》中有着如下描述:

还吃最后的一次早餐——面包和肠子。
我手提个包袱。郎华说:
"走吧!"他推开了门。

这正像乍搬到这房子郎华说"进去吧"一样,门开着我出来了,我腿发抖,心往下沉坠,忍不住这从没有落下来的眼泪,是哭的时候了!应该流一流眼泪。

我没有回转一次头走出大门,别了家屋!街车,行人,小店铺,行人道旁的杨树。转角了!

别了,"商市街"!

小包袱在手上挎着。我们顺了中央大街南去。

(萧红:《商市街·最后的一星期》)

这是1934年的6月11日,早饭后他们匆忙离开了商市街25号小屋,为防止被人跟踪,就装作去买东西,然后躲进了"天马广告社",当天晚上,"在金剑啸工作的天马广告社小楼上,罗烽、金剑啸、白朗、金人、侯小古等人买了一瓶老白干为二萧送行。"(玉良:《罗烽、白朗蒙冤散记》,《新文学史料》1995年第2期,P168)

1934年6月12日,两萧乘火车离开哈尔滨;第二天到了大连,在友人王福临家住了两天,然后乘日本轮船"大连丸"号三等舱,驶往青岛。

上船前后,化名"刘毓竹"夫妇的萧军和萧红,遭遇了日伪海上侦缉队的严密盘查,几乎不能成行。(参见萧军散文:《大连丸上》)

第八节　别了家屋

萧红此番告别了哈尔滨,告别了东北,一去即是永诀,再也没有回来;这个在洪峰之中赋予她新生的城市,留着她苦难的青春和永远的眷恋。在这里,她开始了创作之路上的最初起步和跋涉,在《夜哨》周刊和《文艺》周刊等文艺园地里的辛勤耕耘,使她初步拥有了文字写作的第一个丰收期。

在这座城市里,她蜕却了最初的青涩,心性更加坚定,逐渐完成着一个文学青年向专业作家的转型和过渡。

第四章　美丽海滨青岛

第一节　青灯坐对细论文

小楼犹似故时家，四十年前一梦赊。
碧海临窗瞰左右，青山傍户路三叉。
深宵灯火迷星斗，远浦归帆赏浪花。
往事悠悠馀几许，双双鸥影舞残霞。

这是萧军1979年7月所写《题青岛观象一路一号小楼故居照相》，诗中所述"小楼"，即指坐落于青岛市南区观象一路一号的一栋二层建筑。在它的门外，镶嵌着一方黑色大理石，上面刻着：

萧军、萧红　舒群旧居
萧军(1907—1988)，辽宁锦县人，现代著名作家。
萧红(1911—1942)，黑龙江呼兰人，现代著名作家。
舒群(1913—1989)，黑龙江哈尔滨人，现代著名作家。
1934年春，萧军、萧红与舒群先后来青，萧军、萧红伉俪租居楼上，舒群夫妇住楼下。三位作家的成名作与代表作《八月的乡村》《生死场》《没有祖国的孩子》均完成于青岛。

青岛市文物局　青岛晚报立
青岛华磊石业有限公司承制
一九九三年四月

1934年6月15日，是农历的五月初四，萧红和萧军抵达青岛。

当时的青岛为北洋军阀所统治,而德国和日本在此也有很大势力,这种状况使它成为国土上的一个特殊区域,许多从东北逃往关内的人,都取道青岛中转;因而在大连进港时盘检甚严,所有人员均被苛待;开船不久,两萧又遭遇日本海上侦缉队的严密盘问和搜查,担忧和紧张使他们彻夜未眠;当青岛的海岸线映入眼帘时,他们的心激动得都要跳出来了!终于,两个来自沦陷区的热血青年,"怀着鸟一般的欢心;火一样的爱!投向了祖国的怀抱,踏上了祖国的海岸……"

新婚不久的舒群夫妇在码头迎接远道而来的朋友。

当年年初,舒群只身逃离东北,来到青岛;经同学介绍认识了倪鲁平一家,并与倪家三妹倪青华结婚。

到达青岛的第二天是农历五月初五端午节,也是萧红的生日,四个年轻人到四方公园(那里离倪家很近)游玩并合影留念。

1934年端午节,抵达青岛的第二天,适逢萧红23岁的生日,四位年轻人结伴外出游玩并合影。

青岛四方公园:左起萧红、萧军、倪青华、舒群。

两萧搬进观象一路一号二层小楼的底层,不久舒群他们也搬了过来,两对夫妇比邻而居。

安顿下来之后,萧军担任了《青岛晨报》的编辑,萧红则以理家为主。

30年代,青岛有七八家中文报纸,发行量最大的是《青岛时报》,副刊办得最好的是《青岛民报》;而《青岛晨报》是当时发行量较少的一家日报,萧军担任副刊编辑。

两位少妇操持家务,男人们依然为生活奔波。

稍事安顿后,萧军和舒群在7月间去上海探路无功而返。

在这个美丽海滨的怀抱里,他们生活得平静而快乐,萧红常用她最拿手的葱油饼和美味的俄式大汤——"苏波"汤款待朋友,闲暇时也外出游览,和朋友们一起尽享青春的欢乐。

他们当时的朋友梅林在《忆萧红》中写道:"我们徜徉在葱忧的大学山,栈桥,海滨公园,中山公园,水族馆,而在午后则把自己抛在汇泉海水浴场的蓝色大海里,大惊小怪的四处游泅着。"

游艺不佳,自然免不了相互取笑……

这张照片中两个人的形象,恰似他们当时的朋友"阿张"笔下所述:

三郎戴了一顶边沿很窄的毡帽,前边下垂,后边翘起,短裤、草鞋、一件淡黄色的俄式衬衫,加束了一条皮腰带,样子颇像洋车夫。而悄吟用一块天蓝色的绸子撕下粗糙的带子束在头发上,布旗袍,西式裤子,后跟磨

1934年夏,两萧在青岛中山公园。

去一半的破皮鞋,粗野得可以。

(梅林:《忆萧红》,《怀念萧红》P61,哈尔滨:黑龙江人民出版社,1981年2月)

在这样优美的环境里,他们又开始了各自的写作。

写作的主要内容分别是在哈已经开笔了的《八月的乡村》和《生死场》。

《八月的乡村》主要素材来源于舒群的同学、抗联烈士付天飞留下的"故事",讲述的是杨靖宇将军领导的磐石游击队从小到大的发展过程、惊天动地的战斗和可歌可泣的英雄事迹;付天飞于1933年春夏之间曾专门到过商市街25号的小屋,给两萧讲述有关的"故事"。他的到访两年后被萧红非常含蓄地记在了文字里:

1934年夏,萧红在青岛中山公园。

来了一个稀奇的客人。

这全是些很沉痛的谈话!有时也夹杂着笑声,那个人是从磐石人民革命军里来的……

我只记住他是很红的脸。

(萧红:《商市街·生人》)

萧红在操持家务的同时,也在勤奋地写作,最主要的是续写《麦场》、《菜圃》的续篇——即最终定名为《生死场》的长篇小说;它描绘的是"九一八"前后,哈尔滨近郊的农民在生死边缘挣扎的苦难生活,还有他们面对外敌入侵逐步觉醒的过程及悲壮不屈的反抗。

他们的写作非常投入,"夜气如磐怀故垒,青灯坐对细论文。""每于夜阑人静,时相研讨,间有所争,亦时有所励也。"(萧军:《青岛怀踪录》,见《萧军

近作》P24，成都：四川人民出版社，1981年6月）

9月9日，《麦场》（《生死场》）率先脱稿，在考虑它的出路时心中茫然，哈尔滨固然有朋友和报刊，但含有反满抗日内容的作品不可能在那里公开发表，可除了东北，他们与文坛几乎没有交往，又无名气，这使他们困惑，也使他们焦虑。

当时青岛有一个"荒岛书店"，负责经营的孙乐文在《青岛晨报》做兼职编辑，算是萧军的同事。一次闲谈中，他说起去上海办业务时，曾在"内山书店"偶然遇见过鲁迅先生，这个信息激活了萧军给鲁迅先生写信的念头。因为知道先生是上海的文学主帅想请求指导。他问孙乐文，如果把信寄到"内山书店"，鲁迅先生是否能收到，孙说应该能收到（或能转交），并鼓励萧军"试试看"，同时建议他可以把通信处落款为"荒岛书店"，这样，即便发生什么问题，书店可推托是顾客随意写的，他们并不知情。在此基础上，他提醒萧军，不

夜气如磐怀故垒
当年的青岛观象一路一号小楼。

小楼犹似故时家
今日青岛观象一路一号，一直没拆。

要用自己的真实姓名,可另起一名。萧军同意了他的主张,就大胆地给鲁迅先生写下第一封信,以"青岛广西路新4号荒岛书店"的地址寄往上海,时间约在1934年的10月初。

为安全计,他为自己新取了名字,这就是纵横文坛几十年的鼎鼎大名"萧军",在此之前,他的笔名不一而足,多用刘军、刘均、三郎等。定名萧军缘由如下:"萧",取自他所喜爱的京剧《打渔杀家》中的老英雄萧恩;另外古时辽国萧姓居多,他这个辽宁人就顺理成章地姓了"萧";"军"字源于他曾在东北陆军讲武堂当兵受训,是个军人。纵观萧军一生,无论在那之前,还是在那之后,他内心深处都有一个解不开的戎马倥偬、效命疆场的从军情结。

对于鲁迅是否能收到此信,是否回信,萧军完全没有把握,心中一派茫然。

第二节 栈桥风雨流亡夜

这封信辗转到达鲁迅案头已是10月9日,萧军的名字就是这一天首次出现在鲁迅日记中:"得萧军信,即复。"(《鲁迅日记》,1934年10月9日)当一封加盖着上海邮戳的信件寄到"荒岛书店"时,他们被意外的喜悦和感动淹没了。不仅和朋友分享这巨大的快乐,而且两个人都是一读再读,信的内容早已倒背如流,眼中也往往含着热泪,先生复函的意义已远远超出一纸书信。在那之后的一段时日里,他们一直被这种大欣喜包围着。

这种欣喜所带来的感佩深植骨髓,同时也是一生的幸运与福祉。时隔四十余载,年过古稀的萧军在《鲁迅给萧军萧红信简注释录》中仍一往情深记写了他们当年"难于克制的激动和快乐!""我们在那样的年代,那样的处境,那样的思想和心情的状况中而得到了先生的复信,如果形象一点说,就如久久生活于凄风苦雨、阴云漠漠的季节中,忽然从腾腾滚滚的阴云缝隙中间,闪现出一缕金色的阳光,这是希望,这是生命的源泉!"它是"力量的源泉,生命的希望,它就如一纸'护身符箓'似的永远带在我身边!……"(萧军:《鲁迅给萧军萧红信简注释录》P21,哈尔滨:黑龙江人民出版社,1981年6月)

不必问现在要什么,只要问自己能做什么。
1934 年 10 月 9 日鲁迅回复两萧的第一封信。

鲁迅与两萧由是结缘,从此以后恩泽永固。回信已温暖了两颗漂泊的心,而信的内容越发使他们铭记终身。先生的大手笔自不待言,更为可贵的是信中呈现的坦诚和真挚,面对素昧平生的年轻人,毫无陌生与矜持,是一种向多年的朋友敞开心扉的感觉,这种来自伟大胸怀的人格魅力,更使两萧如沐春风。

关于他们在信中所提及的稿子之事,回答更为简要:"我可以看一看的,但恐怕没工夫和本领来批评。"然后是非常详细的通信地址,并嘱:"最好是挂号，以免遗失。"这句允诺使他们备受鼓舞，接信后不久，他们就把《生死场》的手抄稿以及自费出版的《跋涉》一起寄往内山书店，因此，鲁迅日记1934年10月28日中有"午后得萧军信并稿"之记载。

为了让先生对他们有一个更具体的印象，同时寄往上海的还有他们逃离哈尔滨之前的一张合影。在这张合影中，两萧的着装风格与款式都是"东方莫斯科"青年当时最时尚、最酷的装束。即使以现在的苛刻眼光来审视这张70多年前的照片，我们也不能不被它所发散出来的青春魅力所感染，也不得不承认它是两萧诸多遗照中最具风采和神韵的一张。我们因此有理由猜测，也许是这张照片入了先生的"法眼"，先生在看到这张照片后更加关注和看好两位可爱的年轻人：写在脸上的稚气和"野气"一向为先生所偏爱，眉宇之间的英气与聪敏更能对先生有所触动；也许还因了它的魅力风采，在那以后的许多年里，不同时期的不同书刊中，这张照片的"曝光率"和"出镜率"都最高，几乎成了两萧的标志，相当多的读者都是通过它"认识"了两萧……

有了这样的动力，写作更加用功，10月22日，《八月的乡村》全文杀青，为了纪念这个有意义的日子，也为了放松一下疲倦的身心，两萧相携来到海

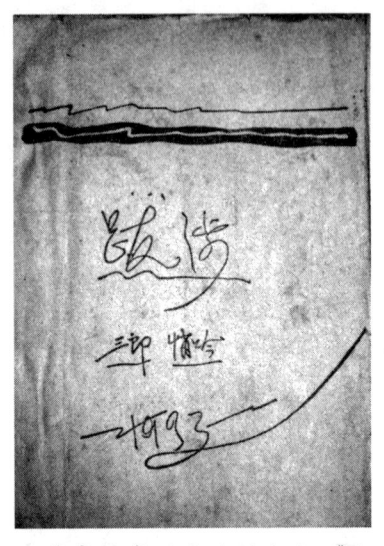

两萧寄给鲁迅先生的初版《跋涉》，原件现藏北京鲁迅博物馆。

随着《跋涉》、《麦场》书稿和回信一起寄给鲁迅先生的两萧合影，1934年初夏告别哈尔滨之前。

边,并留下在岛城的最后一张合影。

书稿与照片刚刚寄出,萧军供职的报社就发生了变故。其实早在一个月前,他们的生活已被各种不祥的消息频频打扰。这年秋天,山东境内不少地下党组织均遭重创,青岛的组织系统被破坏得相当严重。中秋节晚上,去四方岳母家过节的舒群和妻子倪青华、妻兄倪鲁平(当时的青岛市委组织部长,其公开身份是市社会局劳动股科员)一起被捕,当时的市委书记高嵩(舒群在哈尔滨商船学校的同学)也在同一天被捕。萧军他们原本应邀去一起过节,因临时有事未能前去,因此躲过一劫。

由于《青岛晨报》和"荒岛书店"都是地下党的外围组织,所以他们的处境也登时危险起来,他们被告知,

云影天光碧海滨。
1934年10月22日,《八月的乡村》初稿脱稿,为了纪念这个有意义的日子,也为了放松一下疲倦的身心,两萧相携来到海边,并留下在岛城的最后一张合影。九天之后,他们匆匆离去。

报纸可能停办,要做好撤离的准备,而书店负责人孙乐文已经暴露,风声越来越紧。不久,《青岛晨报》被迫停刊,"同人大体星散。"(梅林:《忆萧红》)

10月下旬一个风雨之夜,孙乐文密约萧军在栈桥最东端八角亭回澜阁阴影处匆匆话别,他翌日就要转移——离开青岛去外地避险,殷殷叮嘱两萧快走,并把借来的40元钱交给萧军权当盘缠。

此时此刻,两个来自沦陷区不愿当亡国奴的文学青年又一次感受"浪儿无国亦无家"的痛楚,又一次面临逃亡。他们从"满洲国"好不容易逃了出来,"蛮想在这美丽的、安静的……山岛上生活、工作一个时期,谁知道还不到半年,又得重做逋客生涯,逃离而去!……"(萧军:《青岛怀踪录》"栈桥风雨之夜",见《萧军近作》P26,成都:四川人民出版社,1981年6月)

他们几乎在第一时间就决定要去上海,马上告知鲁迅先生不要再来信;于是躲避监控,变卖家什,11月1日,他们和梅林一起,搭乘驶往上海的日本货轮"大连丸"号,"同咸鱼包粉条杂货一道,席地而坐",匆匆离开了居住了四个多月的青岛。

此番逃亡与上次相比已大为不同,初逃的茫然已被期待所替换,因为已经联系上了鲁迅先生,上海似乎在向他们招手。

第三节　青春驿站

海边岛城的日子,是萧红一生中仅有的舒适和安宁。

两萧6月15日抵达青岛,11月1日离别青岛,共住四个半月不足140天,但这个匆匆来去的青春驿站却是他们的创作福地。

这里不仅是他们流亡生涯的第一个落脚处,也是他们创作生涯最重要的转折点。

他们的成名作《生死场》和《八月的乡村》先后在这里完成,也正是这两部作品奠定了他们在现代文学史上的地位。更为重要的是,在这里他们与鲁迅先生取得了联系,这几乎可以说是他们生命中意义最为重大的事情。因为给先生写信,"萧军"之名启动使用;因为《生死场》的出版,作者首次署名"萧红"。这一切的一切断与青岛密不可分,因此,这个美丽的城市,在他们的生活和创作中都有着非同寻常的意义。

第五章　闯入上海文坛

第一节　面师

1934年11月2日,两萧和梅林一行三人到达上海。

初到时住在一个小客栈里,这个小客栈是当年夏天萧军和舒群来上海探路时住过的,所以刚到上海他们就直奔这里落脚,但小客栈相对较贵,不可久住,他们随后就租住在拉都路北端杂货店二楼的亭子间(今上海襄阳南路283号)。

租下房子并搬家之后,又买了一袋面粉,一只小泥火炉,一些木炭,平底锅和几副碗筷,盐、醋之类,他们手里的钱就所剩无几了。虽已写信去哈尔滨向朋友求助,但远水一时也难解近渴,究竟是否要在上海待下去和怎样生存下去,对于他们来说都是非常迫切的现实问题。当时心中十分茫然,在这种情况下,他们"很希望早一天能够见到鲁迅先生的面,即使离开上海,也就心满意足了"。(萧军:《鲁迅给萧军萧红信简注释录》P23,哈尔滨:黑龙江人民出版社,1981年6月)

尚未安顿下来,11月3日,马上致信鲁迅先生,希望能很快见到他;但鲁迅却在当天"即复"回信中说:"见面的事,我以为可以从缓,因为布置约会的种种事,颇为麻烦,待到有必要时再说罢。"(萧军:《鲁迅给萧军萧红信简注释录》P20,哈尔滨:黑龙江人民出版社,1981年6月)

11月4日又给先生写信,再提见面的要求;5日收信后先生仍是"即复",但却是又一次地婉拒,"你们若在上海日子多,我想我们是有看见的机会的。"(萧军:《鲁迅给萧军萧红信简注释录》P27,哈尔滨:黑龙江人民出版社,1981年6月)

连续得到这样的信,他们满腔的热情有些受挫,这使他们颇为迷茫和郁闷。

他们后来得知,没有和他们见面之前,鲁迅先生也曾委托别人从侧面对他们进行起码的了解,主要是初步考察他们的背景。

在这段赋闲的日子里,萧军终于修改完了《八月的乡村》。此书完成于青岛,匆忙中不及修改,可初到上海,心浮气躁,根本改不下去,修改的过程中他甚至憎恨自己写作的低能,曾想把它付之一炬;但在萧红的督促和鼓励下,总算把它修改完了;又是萧红,在阴暗的亭子间里,在没有炉火的上海的冬天里,把十多万字的草稿抄写完毕。

时隔45年,萧军仍是记忆犹新。1979年3月,古稀之年的萧军回忆道:

由于萧红的督促和鼓励,我终于改完了《八月的乡村》;她不畏冬季没有炉火,没有阳光,水门汀铺地的亭子间的阴凉,披着大衣,流着清鼻涕,时时搓着冷僵的手指,终于把《八月的乡村》给复写完了!——即使到今天,此情此景仍然活现在我的眼前,我永远感念她!

(萧军:《在上海拉都路我们曾经住过的故址和三张画片》,载《萧军近作》P86,成都:四川人民出版社,1981年6月)

他们仍在不断给鲁迅先生写信,提很多很多的问题;鲁迅先生只要身体状况允许,也总是"即复"。

在初到上海的日子里,盼信和读信,对于两只土拨鼠一样的他们来说,就是那寒冷阴霾里的冬日暖阳。

见面的事似乎还很渺茫,但他们已经快吃不上饭了,朋友的资助尚未到位,11月13日的信中,万般无奈的两萧向先生提出了想找工作和借贷的要求;鲁迅先生复信说,"工作难找,因为我没有和别人交际";借钱的事"我可以预备着的,不成问题"。(萧军:《鲁迅给萧军萧红信简注释录》P51,哈尔滨:黑龙江人民出版社,1981年6月)

因为他们的问题太多了,使得鲁迅先生的回复颇费周折,因此,在11月20日的复信中,鲁迅先生说:"我想我们还是在月底谈一谈好。"这给了两萧极大的安慰。

本月三十日（星期五）午后两点钟，你们两位可以到书店里来一趟吗？
1934年11月27日，鲁迅先生约请两萧初次见面的信函。

盼望的日子终于来了。11月27日，鲁迅先生致函两萧，约他们本月30日下午到内山书店见面。他们惊喜不已，从接信后到见面时，心全是"破轨地跳着"。

1934年11月30日下午，是一个上海冬季常有的没有太阳的日子；他们到书店的时候，鲁迅先生已经到了。

因为此前见过照片，他们在方方面面又明显有别于当时的上海人，所以先生不费周折就认出了他们，并很快把他们带到一家咖啡馆，好像是俄国人开的。随后许广平先生和海婴也到了，初次见面，萧红间生的白发给许广平留下了很深的印象，"不相称的过早的白发衬着年青的面庞，不用说就想到其中一定还有许多曲折的生的旅程。"（许广平：《忆萧红》，《大公报·文艺》，1945年11月28日）

他们向鲁迅先生谈了"九一八"以后东北的政治情况和社会情况，谈了他们的出走和在青岛的情况和这么快就来到上海的原因；鲁迅先生简要讲了一些上海左翼团体的状况和左翼内部有不团结的现象等。

萧军把带去的《八月的乡村》的抄稿交给了许广平先生。

临分手的时候,鲁迅先生把一个信封放在了桌上,指着说:"这是你们所需要的……"萧军知道,这是他们信中向鲁迅先生所借的20元钱。回程的车钱也没有,他们又如实告诉了先生,鲁迅先生又从衣袋里掏出了铜板和银角子……

那一天,两萧初次见到的鲁迅先生,"没戴帽子,也没围围巾,只穿了一件黑色的瘦瘦的短长袍,窄裤管藏青色的西服裤子,一双黑色的橡胶底的网球鞋……""两条浓而平直的眉毛,一双眼睑往往显得浮肿的大眼,没有修剪的胡须,双颧突出,两颊深陷,脸色是一片苍青而又近于枯黄和灰败……"(萧军:《鲁迅给萧军萧红信简注释录》P67,哈尔滨:黑龙江人民出版社,1981年6月)

当年的内山书店,今日已拆除。
1934年11月30下午,一个上海冬季常有的没有太阳的日子,流浪到沪的两萧就在这里,第一次见到心仪已久的鲁迅先生。

这是鲁迅当时的病后形容,如此的衰老与瘦弱让两萧无法不悲哀;看到鲁迅先生的身体状况,想着他还受到当局的迫害,回去的途中,两萧备感刺痛。回去后马上写信说了这些心情和感受,鲁迅先生回信反倒来宽慰他们:借钱觉得刺痛是不必要的,"这些小事,万不可放在心上,否则,人就容易神经衰弱,陷入忧郁了。"并给他们以建议:"我看你们的现在的这种焦躁的心情,不可使它发展起来,最好是常到外面去走走,看看社会上的情形,以及各种人们的脸。"(鲁迅1936年12月6日致两萧,萧军:《鲁迅给萧军萧红信简注释录》P63,哈尔滨:黑龙江人民出版社,1981年6月)

此番借钱带来的痛楚一直折磨了萧军几十年,那种感念是他终生都不能忘怀的:

要知道向鲁迅先生开口"告帮",这对于我们是多么大的痛苦和"难堪"啊!但是当时、当地……又有什么办法呢?甚至和他见面之后,回家的车钱还是我由先生那里"讨"来的!——尽管后来朋友寄来一笔钱把这笔欠债还补了,但留在我心上的感念的创痛,直到今天它们还在隐隐作痛着!……所谓"涸辙活命一滴水,胜似西江波"是也。

(萧军:《鲁迅给萧军萧红信简注释录》P57,哈尔滨:黑龙江人民出版社,1981年6月)

第二节　初宴

第一次见面之后,鲁迅心中已大致消除了隔膜,或者说两个来自沦陷区的年轻人已初入鲁迅的法眼,在接下来的通信中,他们谈论的话题越来越深刻,鲁迅先生已不打算掩饰他对这两个年轻人的喜爱,他要帮助他们了。

1934年12月18日,两萧意外地收到了鲁迅和许广平的邀请函:"本月十九日(星期三)下午六时,我们请你们俩到梁园豫菜馆吃饭,另外还有几个朋友,都可以随便谈天的。"

为了郑重起见,落款署名为"豫　广同具"。

两萧得信,欣喜若狂。他们用颤抖的双手捧着,他们用流泪的眼睛读着,等到经过了一阵梦一般的迷惘以后,才渐渐恢复了清醒。

平静下来之后,他们分别进入了状态:

萧军马上找到一幅地图,寻找方位,丈量距离,研究和确认最佳的乘车路线。

萧红作为心思缜密而又贤惠能干的家庭主妇,更是有着超乎想象的发挥。

她不想让萧军穿着"灰不灰,蓝不蓝的破罩衫"出现在鲁迅先生的客人面前,她一定要把萧军"包装"一番。

> 吟女士:
> 本月十九日(星期三)下午六时,我们请你们俩到梁园豫菜馆吃饭,另外还有我们的朋友,都可以随便谈天的。梁园地址,是广西路三三三号。广西路是二马路与三马路之间的一条横街,若从二马路弯进去,比较的近。
> 为此布达。兹请
> 俪安.
>
> 豫 广同具 十二月十七日

另外还有几个朋友,都可以随便谈天的。
1934年12月18日,两萧意外地收到鲁迅和许广平的邀请函:"本月十九日(星期三)下午六时,我们请你们俩到梁园豫菜馆吃饭。"
为郑重起见,信末的落款"豫　广同具"

在收信后非常有限的时间里,以非常有限的成本,在昏暗的灯光下,在阴冷的亭子间里,依照从哈尔滨带出来的那件俄国"高加索"式立领、套头、掩襟绣花衬衫,把一块新买的布料量体、剪裁,几乎是不吃不喝地飞针走线,不停地忙碌,头一天忙到深夜,第二天黎明即起,又投入其中,"只见她那美丽的、纤细的手指不停地上下穿动着"(萧军:《鲁迅给萧军萧红信简注释录》P104,哈尔滨:黑龙江人民出版社,1981年6月),一句话也顾不得和萧军说。终于在赴宴当天下午5点之前缝制完成了一件新"礼服";6点时,萧军已身穿这件新礼服出现在大家面前了。

许广平以女性特有的细腻和敏感注意到了这件"礼服":"亲手赶做出来,用方格子布缝就的直襟短衣穿在萧军先生身上,天真无邪的喜悦夸示着式样。——那哥萨克式,在哈尔滨见惯的——穿的和缝的都感到骄傲,满足,而欢欣。我们看见的也感到他们应该骄傲,满足,欢欣。"(许广平:《忆萧红》,《大公报·文艺》,1945年11月28日)

当天的宴会共有九人到场:鲁迅先生一家,两萧,聂绀弩夫妇,茅盾和叶紫;"主宾"胡风夫妇却因为信被耽误而没到,而此次宴会更是鲁迅先生以胡风长子的满月为名而设。

宴会快结束时,"穿西装的青年人"叶紫走过来,和两萧互相留了住址;后来他们逐渐熟悉起来,并共同组成了"奴隶社",出版了"奴隶丛书"。

在归家的路上,我和萧红彼此挽着胳臂,行走在大街和小巷,脚步轻快,飘飘然,此刻感到我们是这世界上最幸福的人了!……

(萧军:《鲁迅给萧军萧红信简注释录》P108,哈尔滨:黑龙江人民出版社,1981年6月)

关于此次宴会的方方面面,萧军先生在《我们第一次应邀参加了鲁迅先生的"宴会"》一文中都有详尽而生动的描写。该文写于1979年3月,首刊于当年的《人民文学》第五期,是萧军沉寂多年后复出文坛的亮相之作;此文一出,果然惊艳。

从初见到邀饭,不过区区20天;这是一个意义深远的宴会,也是一个非同寻常的饭局。鲁迅先生为了给他们介绍可以接谈的朋友,以胡风长子满月为名做东,让他们结识了这样的一桌新师友,两萧和宴会上所有见到的朋友大都保持了终生的友谊,这大约也是鲁迅先生的用心所在吧。

为了纪念这次宴会,也为了纪念这件新"礼服",1935年春,他们还特意到法租界的万氏照相馆照了一张合影。

宴会第二天,鲁迅先生致两萧信中云:"吟太太的稿子,生活书店愿意出版,送给官僚检查去了,倘通过,就可发排。"(萧军:《鲁迅给萧军萧红书简注释录》P115,哈尔滨:黑龙江人民出版社,1981年6月)

为了纪念这次宴会,也为了纪念这件新"礼服",他们特意到法租界的万氏照相馆照了一张合影。
1935年春。萧军穿的就是萧红专为宴会手工赶制的那件新礼服,所系围巾是哈尔滨的俄文教师所绣;童心未泯的萧红穿了件深蓝色"画服",并在道具箱里拣出一只烟斗来"装蒜"。

稿子即指《生死场》,这自然是很好的消息;但后来还是没通过,又退了回来。

第三节　拉都路上几春宵

1934年年底,两萧搬到拉都路411弄的福显坊22号,当年,这里已是上海

第五章 闯入上海文坛　071

的郊区，比较偏僻，在屋子里都能看到菜地。

在这前后，他们已经开始了写作，而鲁迅先生也在向有关刊物推荐他们的作品了。

1935年3月1日，萧军的《职业》发表在《文学》上；3月5日，萧红取材于青岛生活的《小六》发表于陈望道主编的《太白》第一卷第十二期。

这是他们到上海后第一次发表作品；也是他们迈向上海文坛的第一步。

这对于他们来说是一件大事，文章的发表带来的收入大大改善了他们的窘况：使他们不再为一日三餐而愁烦，这在某种程度上意味着，在上海滩，凭着自己的写作，他们能够活下来了。

1935年3月5日，因了鲁迅先生的推荐，萧红取材于青岛生活的《小六》首发于上海陈望道先生主编的《太白》第一卷第十二期。

上海滩头共命行。
1935年，闯入上海文坛的萧军萧红在一个照相馆。

读1935年3月5日鲁迅日记，全文如下：

晴，上午得萧军信并稿三篇。晚约阿芷、萧军、悄吟往桥香夜饭，适河清来访，至内山书店又值聚仁来送《芒种》，遂皆同去，并广平携海婴。

阿芷即叶紫；河清和聚仁分别是《译文》的编辑黄源和《芒种》的编辑曹聚仁。

看上去是鲁迅先生又一次请客，但此次邀饭多少有些受"胁迫"；因为刚进2月时，萧红在叶紫的怂恿下给先生写过一封信，意思是说他们（包括两萧和叶紫）都馋

了,想让鲁迅先生请他们吃一顿,吃得差一点也行。鲁迅在2月9日的复信中说:

请客大约尚无把握,因为要请,就要吃得好,否则,不如不请,这是我和悄吟太太主张不同的地方。但是,什么时候来请罢。

在3月1日的信中又提及:

已约叶定一个日期,我们可以谈谈。他定出后,会来通知你们的。

于是,才有了3月5日的"往桥香夜饭"。

这家饭馆菜肴很精致;这次请客,萧军事先不肯在信上签名,但是肯定会跟着吃,而且吃的总量比叶紫和萧红加起来还多;那个张罗得最欢的萧红,吃得却是最少。

事后看来,这次饭局也有异乎寻常的意义:在饭桌上,三个年轻人正式酝酿要建立一个"奴隶社",要自费出版"奴隶丛书"。因为在那之前,叶紫的《丰收》因无法通过当局的审查,已经决定自费印排,并进入了操作程序;而萧军《八月的乡村》因题材敏感,更难通过检查有正式出版的机会,萧红的《生死场》已经送审,迟迟没有消息,他们就萌生了自费出书的念头,得到了鲁迅先生的赞同;而且后来又特别强调说,"奴隶"是受压迫者,用来做丛书名,是表示了奴隶的反抗;奴隶和奴才是不同的。

后来出版的《奴隶丛书》之一就是叶紫的《丰收》;之二是萧军《八月的乡村》;之三是萧红的《生死场》。鲁迅先生为它们分别作序。

碰巧来访的黄源也和两萧成了朋友,后来又有着复杂而微妙的关联。

而曹聚仁也自此与萧红结缘;令人始料不及的是,这次聚餐后的22年,即1957年8月,埋在浅水湾的萧红骨灰迁葬广州,香港文艺界在九龙红磡永别亭举行送别会,会上文艺界同人向萧红遗像献花并宣读祭文,当天的主祭是叶灵凤,而那经典的祭文即出自曹聚仁之手。文末有云:

呜呼! 君以健笔,唤醒国魂;日昧昧其将暮,倦回顾夫故园;每泽畔以行吟,哀郢兮复何言! 观察细致而深刻兮,辅之以明丽与清新。生死场中事,反映北地农民朴质之抗争,继乃有朦胧之期待与旷野之喊声,字字是泪,字字是血,表达我民强烈之恨憎!

呜呼! 萧红,因风相送,灵其不昧,来格来歆! 哀哉! 尚飨。

第五章　闯入上海文坛

[（美）　葛浩文：《萧红评传》P182,哈尔滨：北方文艺出版社,1985年8月]

礼成之后,曹聚仁等六人又亲自护送萧红骨灰前往深圳。

经过鲁迅先生的推荐，两萧的作品陆续发表在各种刊物上；他们的名字,也逐渐为上海文坛所知晓。

自那前后始,在鲁迅给两萧的信中又有了一项重要的新内容,即关于稿件的具体情况；除了两萧,他们的朋友(如金人等)的创作和翻译,也往往包括在内。

3月17日,鲁迅先生单独复信"悄吟太太"："来信并稿两篇,已收到。"大约是去信中有邀请鲁迅来做客,因此回复中有云：(孩子的脚烫伤了)"等他能走路,我们再来看您罢。"

1935年4月2日,两萧搬家到拉都路351号的三楼，马上写信通报。

4月中旬有一天,萧红在一家大饼店里买了油条后,无意中发现包装纸竟是鲁迅先生翻译班苔莱夫的中篇童话《表》的手稿(该文发表在1935年3月16

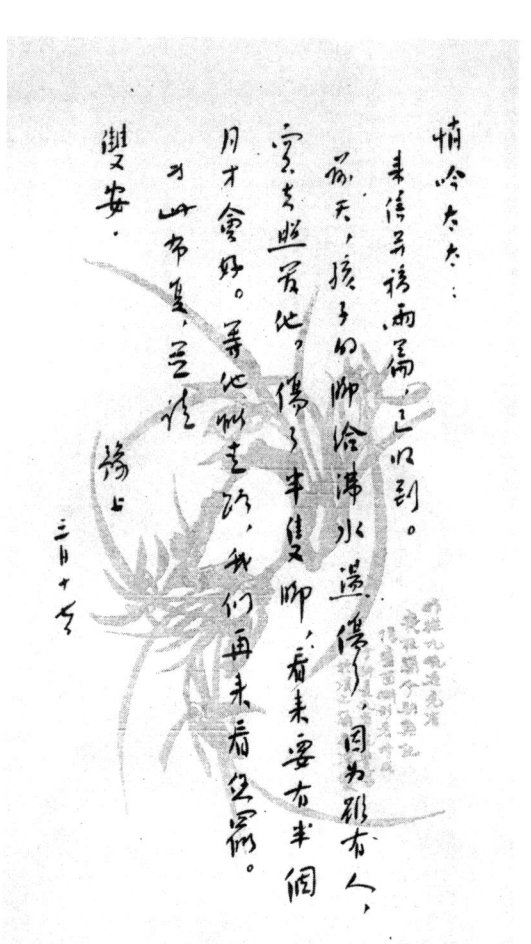

1935年3月17日，鲁迅先生复信"悄吟太太"："来信并稿两篇,已收到。"大约是去信中邀请鲁迅他们来做客,因此信中有云：(孩子的脚烫伤了)"等他能走路,我们再来看您罢。"

日《译文》月刊第2卷第1期），他们大为吃惊，随后，就把手稿寄给了鲁迅先生，并请他把手稿催讨回来。

鲁迅的手稿怎么会流落到大饼摊点上呢？究其缘由，是黄源的疏忽造成的。原来拉都路324弄属于"敦和里"，在"敦和里"设有《文学》《译文》《太白》编辑部，都和鲁迅关系密切，作为《译文》编辑的黄源，在校完清样后，就把有的原稿散失了。黄源后来得知，懊悔不已。

两萧在拉都路351号只住了三四个月，萧红在此期间最主要的创作是写作并完成了系列散文《商市街》，这部由41篇文章组成的散文集，以他们在哈尔滨时所住街道"商市街"为名，从《欧罗巴旅馆》到《最后的一星期》，以写实的手法记录当时饥寒交迫的生活，文字饱满，细节惊人，具有不可抵挡的感染力；除了部分篇目在刊物上发表外，1936年8月结集出版。

此间最有意义的事还有先生全家的光临。

1935年5月2日上午10点，鲁迅先生一家突然来访，这使两个年轻人"感到了最大的兴奋和欢喜"！坐了一小时以后，先生邀他们一起去法租界一家西餐厅吃了午饭。随后两萧送鲁迅全家上了电车。

当天鲁迅日记有记："晴。上午同广平携海婴往拉都路访萧军及悄吟，在盛福午饭。"

双双人影偕来去。
1935年夏天，拉都路中段351号，当时两萧居住在三楼最西端一个绿植爬到窗前的房间。
散文集《商市街》在这里完成；在这里，他们还惊喜地接待过来访的鲁迅先生一家。

第四节　力透纸背　明丽新鲜

1935年6月,两萧搬离拉都路后,住在萨坡赛路(今淡水路)190号,那里是"唐豪律师事务所",律师唐豪是萧军的朋友。

这期间,认识了文艺理论家胡风,并有了较密切的往来。

初次见到萧红,就留下了很深的印象;胡风后来回忆说:

我觉得她很坦率真诚,还未脱女学生气,头上扎两条小辫,穿着很朴素,脚上还穿着球鞋呢,没有那时上海滩的姑娘们的那种装腔作势之态。因此虽是初次见面,我们对他们就不讲客套,可以说是一见如故了。

(胡风:《回忆参加左联前后》,《新文学史料》1981年一期)

胡风夫人梅志印象中的萧红则有所不同:

我第一次见萧红完全把她当做一个普通的但很能干的家庭主妇。瘦高的身材,长长的白皙的脸,扎两条粗粗的小辫,一对有点外突的大眼睛,说话时声音平和,很有韵味,很有感情,处处地方都表现出她是一个好主妇。

(梅志:《"爱"的悲剧——忆萧红》,银川:《女作家》1985年第2期)

夫妇二人角度不同,感受不同,但呈现在不同文字里的,却都是同一个质朴可爱的萧红。

1935年萧红写的东西不少,发表却是有限的几篇,除了3月初《太白》上的《小六》,6月《文学》上的《饿》外,7月,回忆散文《祖父死了的时候》登在长春《大同报》副刊《大同俱乐部》上,加上8月《太白》第二卷第十期上的《三个无聊人》,此外再无可数。

最让她感到郁闷和纠结的是,书稿《生死场》辗转无着的命运。

尽管在1934年的12月,稿子已被生活书店接受,但送审之后没能通过;8月下旬,鲁迅先生信中告诉他们,稿子退回来了,想"拿到《妇女生活》去看看,倘登不出,就只好搁起来了"。(1935年8月24日鲁迅致两萧信,萧军:《鲁迅给萧军萧红信简注释录》P211,哈尔滨:黑龙江人民出版社,1981年6月)

但最终《妇女生活》也是退稿,鲁迅先生也已无可奈何了。此时,在《生死场》之后运作的叶紫的《丰收》和萧军的《八月的乡村》都已"自费"印刷出版，焦虑和无奈中，她也想通过这种渠道让它问世。

当时书稿还没有一个正式的名字，只用第一章《麦场》为名；在和胡风讨论时，萧红让他给个建议，胡风就从书中提炼出了一个《生死场》的说法，萧红觉得能代表全书的意思，比较认可，随后就写信告诉了鲁迅，先生在回信中也说"《生死场》的名目很好"，书名就这样定下来了。（1935年10月20日鲁迅致两萧信，萧军：《鲁迅给萧军萧红信简注释录》P211，哈尔滨：黑龙江人民出版社，1981年6月）

这一阶段，鲁迅一家和两萧的关系已日渐密切，通过信件即可看出：

贺贺你们的同居三年纪念。

（1935年7月16日鲁迅致两萧信，萧军：《鲁迅给萧军萧红信简注释录》P200，哈尔滨：黑龙江人民出版社，1981年6月）

我们如略有暇，当于或一星期日去看你们。

（1935年9月1日鲁迅致两萧信，萧军：《鲁迅给萧军萧红信简注释录》P216，哈尔滨：黑龙江人民出版社，1981年6月）

本月琐事太多，翻译要今天才动手，一时怕不能来看你们了。

（1935年9月16日鲁迅致两萧信，萧军：《鲁迅给萧军萧红信简注释录》P220，哈尔滨：黑龙江人民出版社，1981年6月）

久未得悄吟太太消息，她久不写什么了吧？

（1935年9月19日鲁迅致两萧信，萧军：《鲁迅给萧军萧红信简注释录》P221，哈尔滨：黑龙江人民出版社，1981年6月）

我们确也太久不见了，在最近期内，最好是本月内，我们当设法谈谈。

（1935年10月20日鲁迅致两萧信，萧军：《鲁迅给萧军萧红信简注释录》P228，哈尔滨：黑龙江人民出版社，1981年6月）

第五章 闯入上海文坛

两萧这时已经开始学习世界语了。10月27日，鲁迅一家来到萨坡赛路190号寻访不遇，就是因为他们参加世界语五十周年纪念大会去了，事后得知，深感懊悔不已。

> 那一天，是我的预料失败了，我以为一两点钟，你们总不会到公园那些地方去的，却想不到有世界语会。
>
> ……
>
> 我们一定要再见一见。我昨夜起，重伤风，等好一点，就发信约一个时间和地点，这时候总在下月初。
>
> （1935年10月29日鲁迅致两萧信，萧军：《鲁迅给萧军萧红信简注释录》P229，哈尔滨：黑龙江人民出版社，1981年6月）

面对索要序言和制版签名的萧红，鲁迅貌似也没有办法：

> 我不大稀罕亲笔签名制版之类，觉得这有些孩子气，不过悄吟太太既然热心于此，就写了附上，写得太大，制版时可以缩小的。这位太太，到上海以后，好像体格高了一点，两条辫子也长了一点了，然而孩子气不改，真是无可奈何。
>
> （1935年11月16日鲁迅致两萧信，萧军：《鲁迅给萧军萧红信简注释录》P237，哈尔滨：黑龙江人民出版社，1981年6月）

在这样"太久不见"又想"设法谈谈"的情况下，1935年11月4日，到达上海整整一年的时候，两萧收到了这样的一封邀请函：

> 刘　兄
> 悄吟太太：
> 我想在礼拜三（十一月六日）下午五点钟，在书店等候，您们俩先去逛公园之后，然后到店里来，同到我的寓里吃夜饭。
> 专此，即祝
> 俪祉
>
> 　　　　　　　　　　　　　　　豫　上
> 　　　　　　　　　　　　　　十一月四日

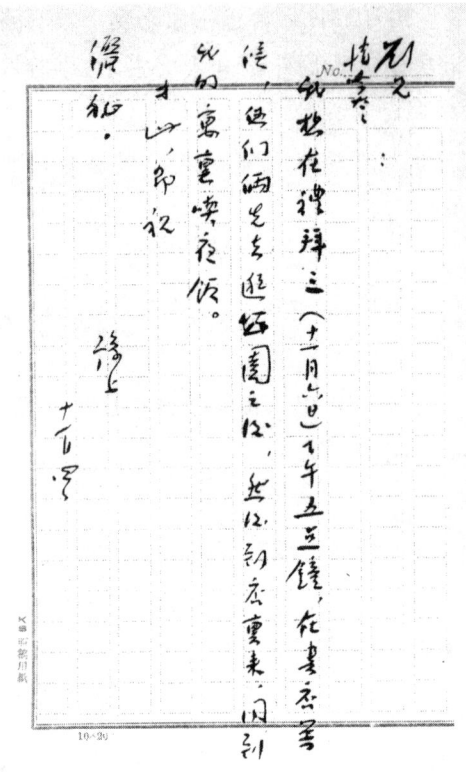

我想在礼拜三(十一月六日)下午五点钟,在书店等候,您们俩先去逛公园之后,然后到店里来,同到我的寓里吃夜饭。

1935年11月4日,鲁迅先生首邀两萧到大陆新村做客。

上海施高塔路大陆新村九号鲁迅故居。

1935年11月6日,两萧首访北四川路底施高塔路大陆新村九号,做客鲁宅;晚饭之后,洽谈甚欢,两个流亡青年谈了很多关于"满洲国"的事情,说的和听的都兴致盎然,雨夜里很晚才出来,鲁迅坚持要把他们送到铁门外,并指着隔壁那家写着"茶"字的牌子:

"下次来记住这个'茶'字,就是这个'茶'的隔壁。"而且伸出手去,几乎是触到了钉在铁门旁边的那个九号的"九"字,"下次来记住茶的旁边九号。"

(萧红:《回忆鲁迅先生》,《萧红全集》P959,哈尔滨:哈尔滨出版社,1998年10月)

这样雨夜送客的画面,永久地刻在了萧红的心底。

从此以后,大陆新村九号鲁迅先生家里"就时常有他俩的足迹"了。

两萧初访大陆新村不久后的11月14日晚,鲁迅为《生死场》作序的诺言已经兑现。11月15日致两萧:"夜里写了一点序文,今寄上。"鲁迅日记11月15日有记:"寄萧军信并《生死场》小序一篇。"(萧军:《鲁迅给萧军萧红信简注释录》P236,哈尔滨:黑龙江人民出版社,1981年6月)

在作序前看校样时,鲁迅先生还顺手用红笔和工整的楷书,改正了校样的错字和不规范的格式,这等严谨与细致,使得两萧惭愧且感动。

1935年12月,长篇小说《生死场》作为《奴隶丛书》之三,假上海"容光书局"之名自费印刷出版;前面有鲁迅脍炙人口的《序言》:"北方人民对于生的坚强,对于死的挣扎,却往往已经力透纸背;女性作者的细致的观察和越轨的笔致,又增加了不少明丽和新鲜。精神是健全的……"(鲁迅:《萧红作〈生死场〉序》,《生死场》,上海容光书局1935年12月);后面有胡风高度评价的《读后记》:"使人兴奋的是,这本不但写出了愚夫愚妇的悲欢苦恼,而且写出了蓝天下的血迹模糊的大地和流在那模糊的血土上的铁一样重的战斗意志的书,却是出自一个青年女性的手笔。在这里,我们看到了女性的纤细的感觉,也看到了非女性的雄迈的胸襟。"(胡风《〈生死场〉·读后记》,《生死场》,上海容光书局1935年12月)还有奴隶社的《小启》:"至于还想要知道一些关于在满洲的农民们,怎样生,怎样死,以及怎样在欺骗和重重压榨下挣扎过活;静态和动态的故事,就请你读一读这《生死场》吧。"(萧红:《生死场》,上海容光书局,1935年12月)

在这部作品中,作者首次署名萧红。在那之前,多用悄吟;在那之后,则是萧红和悄吟并用。

素来喜爱美术的萧红,还为《生死场》设计了它风格独特的封面。

《生死场》的出版,除了给予"上海文坛一个不小的新奇与惊动"(许广平:《追忆萧红》,《文艺复兴》第一卷第六期,1946年7月),还奠定了萧红在现代文学史上的地位。

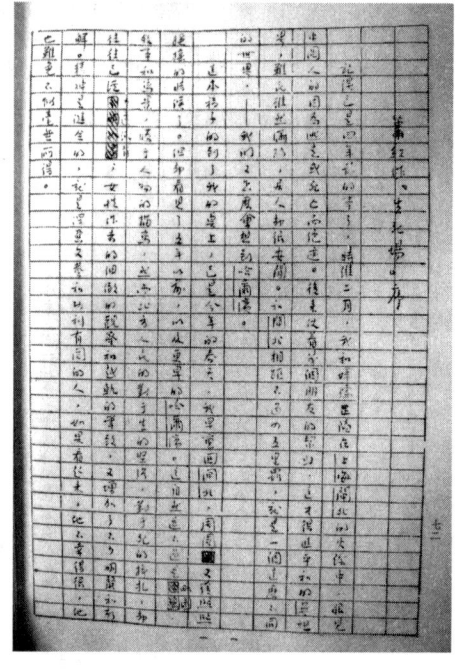

夜里写了一点序文,今寄上。
1935年11月14日夜,鲁迅先生为《生死场》作序。

两萧也因此叩开了上海文坛的大门,成为左翼文学阵营里的重量级作家。作为抗战文学的奠基作之一,《生死场》的终极价值还远不止于此,它对生命状态的强烈感慨和对人的心灵的关注,都超越了当时的时代语境,颇具恒久意义,因而,自问世到如今,久盛不衰。

第五节 情殇之惑

随着《八月的乡村》和《生死场》的出版和热销,两萧的名字逐渐被上海文坛接受;但比较而言,业内似乎更看好萧红,普遍对她有着更多的期待。

每逢和朋友谈起,总听到鲁迅先生的推荐,认为在写作前途上看起来,萧红先生是更有希望的。

(许广平:《追忆萧红》,上海:《文艺复兴》第一卷第6期,1946年7月)

1935年12月,作为《奴隶丛书》之三的《生死场》初版。
素来喜爱美术的萧红,还为它设计了风格独特的封面。

文艺理论家胡风也不吝啬他对萧红的嘉许,他曾直接向萧军表述过这样的观点:

　　她在创作才能上可比你高,她写的都是生活,她的人物是从生活里提炼出来的,活的。不管是悲是喜都能使我们产生同鸣,好像我们都很熟习似的。而你可能写得比她的深刻,但常常是没有她的动人。你是以用功和刻苦,达到艺术的高度,而她可是凭个人的天才和感觉在创作……

　　(胡风:《悼萧红》,《艺潭》,1982年第4期)

　　按照这样的说法,萧军是学胜于才,而萧红则是才高于学。
　　作为创造性劳动的文艺作品,生活、才华、学问缺一不可,但对于作品的艺术生命和艺术感染力而言,生活、才情比学问更显得重要,更能体现作者的风格和特质,更为他人所不能替代。

1936年5月,在接受美国记者埃德加·斯诺的访问中,鲁迅回答了许多关于文学的问题,在列举当时的优秀作家时,田军(萧军)、周文、柔石、张天翼等都在其中,但他更进一步认为:

田军的妻子萧红,是当今中国最有前途的女作家,很可能成为丁玲的后继者,而且她接替丁玲的时间,要比丁玲接替冰心的时间早得多。

(斯诺:《鲁迅同斯诺谈话整理稿》,安危译,北京:《新文学史料》P7,1987年第三期)

1935年年底的《生死场》进一步打开了局面,1936年迎来了创作的喷发期,这一年,成了萧红在文学道路上收获颇丰的一年。挟着《生死场》的强劲

1936年年初创刊的《海燕》,登载了萧红的《访问》、《过夜》等文。这是一本同人杂志,由胡风和聂绀弩具体操刀,鲁迅先生亲自题写了刊名。可惜只出了两期就被停刊。
一期和二期的《海燕》杂志封面。

优势,她作为新锐作家的势头已不可阻挡,很多刊物的创刊号和一些知名刊物上都纷纷登载她的作品,如《海燕》、《作家》、《中学生》、《中流》、《文季月刊》等。两个单行本《商市街》和《桥》,也分别作为巴金主编的《文学丛刊》之一种,由上海文化生活出版社出版。有资料显示,萧红在1936年写作和发表的作品,无论数量和质量都是空前的,是继在哈尔滨起步《大同俱乐部》和《夜哨》时期后又一个创作的高峰期。

年初创刊的《海燕》登载了《访问》《过夜》等文。这是一本同人杂志,由胡风和聂绀弩具体操刀,鲁迅先生亲自题写了刊名。

1936年春夏之交,萧红坐在北四川路底大陆新村九号鲁宅门前。

随后的几个月,《中学生》月刊和《文季》月刊连续登载了系列散文《商市街》中的有关篇目,《欧罗巴旅馆》、《家庭教师》、《册子》、《剧团》、《夏夜》等。

1936年春夏之交,萧红和许广平在大陆新村九号。

"许先生对自己忽略了,每天上下楼跑着,所穿的衣服都是旧的,次数洗得太多,纽扣都洗脱了,也磨破了。有一次我和许先生在小花园里拍一张照片,许先生说她的纽扣掉了,还拉着我站在她前边遮着她。"
(萧红:《回忆鲁迅先生》,《萧红全集》(中)P971,哈尔滨:哈尔滨出版社,1998年10月)

1936年春，两萧搬到北四川路底的"永乐里"（可能是现在永安戏院近邻的"永乐坊"，今四川北路1774弄及海伦路73弄），这样离鲁迅家更近了；几乎每天晚饭后都要去大陆新村。

此次搬家，目的明确，就是想离先生近一些，以免先生给他们写信的劳顿，年轻的萧军还想在必要时帮着做一些具体的事务。

搬家之后，他们常来常往，就是许广平先生所说的"过从甚密"，有时一起弄饭，有时陪先生聊天，有时去看电影，有时研讨作品……生长在江浙一带的鲁迅先生却比较偏爱北方的面食，而操持面食恰恰又是萧红的强项，因此常到大陆新村一显身手，做好美味的葱油饼或水饺之后，边吃边谈，彼此之间其乐融融。

通过鲁迅先生，他们还结识了冯雪峰、鹿地亘、史沫特莱等人，在后来的日子里，他们之间有着长久的友谊。

萧红的创作势头和创作潜力自然引起出版商的注意，5月1日，她与文化生活出版社签约，为的是两本散文集《商市街》和《桥》的出版事宜。这两本书均已入围巴金主编的《文学丛刊》。

1936年5月，文艺家协会在上海成立并发表了宣言，由于种种原因鲁迅拒绝参加这个协会，更没有在宣言上签字。

但是鲁迅和他周围的人都有强烈的救亡图存、争取民族自由的愿望，也想就当时的民族危机有一个表态，所以他们决定也发表一个宣言。因为那时鲁迅先生的身体状况不太好，宣言就由巴金和黎烈文分别起草，经过鲁迅的过目合并后，他在上边第一个签了名；黎烈文手抄了同样的几份后，找到巴金和靳以，然后又交给黄源和胡风，大家再分别找人签名。

黄源的那一份发表在了《译文》月刊七月号上；孟十还的《作家》杂志上也发表了这个宣言。

靳以拿的那一份发表在《文季月刊》七月号上。在这一份刊发在"来件"栏目的宣言中，我们看到了与其他41位作家并列在一起的萧红的名字。

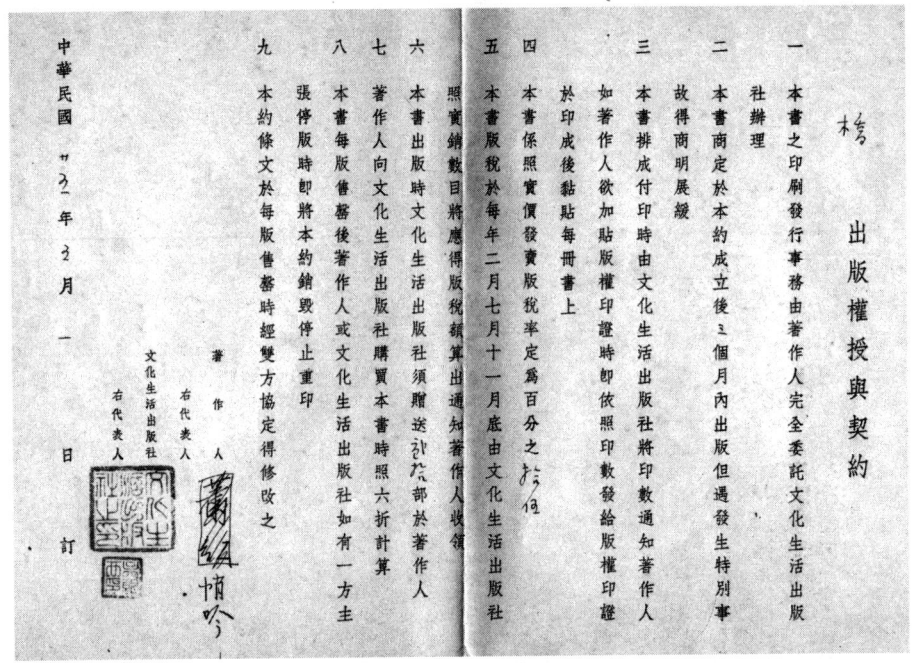

1936年5月1日，萧红与文化生活出版社签订关于《桥》的"出版权授予契约"。签署者为"悄吟"和文化生活出版社责任人吴朗西。

1936年6月15日，作为首批发起人之一，萧红与鲁迅等42位作家率先签署《中国文艺工作者宣言》，呼吁全国文艺工作者在抗日民族统一战线的旗帜下联合起来。

1936年上半年，鲁迅先生的身体时时在病中；1936年上半年，萧红的心情也往往在烦闷里。

本来，作品的不断推出，给两萧带来了经济上前所未有的宽裕，改善了他们的生活条件，也扩大了他们的交往范围，随之也带来了新的烦恼——他们之间的感情亮起了"黄灯"；萧军的"绯闻"或者说他在感情上的"散步"，给萧红带来了难言的痛苦。

她无处倾诉也不愿倾诉，只把心中的失望和无助化作诗句，犹如苦酒，自饮自斟。在写作那些供发表换衣食的文章的间隙，她还写下从未公开发表过的组诗《苦杯》(共计十一首)，那里面一览无余地承载着她的幽怨和

> **來件**
>
> **中國文藝工作者宣言**
>
> 中國不是從昨天才被強鄰壓迫、侵略,我們民族的危機並不是一朝一夕所造成。展開在我們眼前的逼大崩潰的威脅是有著它的遠因和近因有著它的發展的路徑的,我們文藝上的工作者目光從來沒有離開過現實工作從來沒有放鬆過爭取民族自由的奮鬥。我們並不是今天才發現救亡圖存的運動的重要。
>
> 所以在現在當民族危機達到了最後關頭,一隻殘酷的魔手扼住我們的咽喉,一個窒悶的暗夜壓在我們的頭上,一種偉大悲壯的抗戰擺在我們的面前的現在我們絕不屈服絕不畏懼更絕不徬徨猶豫我們將保持各自固有的立場本著原來堅定的信仰沿著過去的路線加緊我們從事文藝以來就早已開始了的爭取民族自由的工作。我們決不忽略或是離開現實,反之,我們將更加緊緊地把握住現實。我們不敢過大的估計自己的力量但我們將為著目標的遠大忘卻自身的渺小我們相信各部門的文化工作在任何時期都沒有一到可以中斷,我們以後將更加沉著而又勇敢地在逼動亂的大時代中擔負起我們的艱巨的任務我們願意接受同意我們的工作的人的督促和指導我們願意和站在同一戰線的一切爭取民族自由的鬥士熱烈的握手!
>
> 魯迅　孫用　曹禺　陸少懿　唐弢　孟十還
> 張天翼　葛琴　蔣牧良　吳景崧　蕭乾　吳組緗
> 黃源　周文　塞先艾　晉彥　趙家璧　歐陽山　克夫　蕭紅
> 麗尼　陳占元　曹靖華　齊同　胡風　蕭軍　許天虹　孤絆弩
> 黎烈文　斬以　馬宗融　世彌　草明　蘆焚
> 萬迪鶴　巴金　方光燾　荒煤　姚克　楊晦　茅盾等

1936年6月15日,作为首批发起人之一,萧红与鲁迅等42位作家首批签署《中国文艺工作者宣言》,呼吁全国文艺工作者在抗日民族统一战线的旗帜下联合起来。

《文季月刊》1936年七月号,"来件"栏目中刊出《宣言》的签署。

哀愁:

《苦杯》之二

昨夜他又写了一只诗,

我也写了一只诗,
他是写给他新的情人的,
我是写给我悲哀的心的。

两个人同时写诗,令人想到被困东兴顺时曾有过的甜蜜与欢欣,但与那时截然不同的是,他们的诗都不是为对方所写,更不可以拿来交换,因为在萧红看来,"他"已然有了"新的情人",他的诗是"写给他新的情人的","他"早已无心再看"我"写的诗,那么,我的诗就只能是"写给我悲哀的心"。

两个在文坛上冉冉升起的新星,已经宿命般地貌合神离,一对在患难中挣扎过来的伴侣,在感情的领域里也渐行渐远。

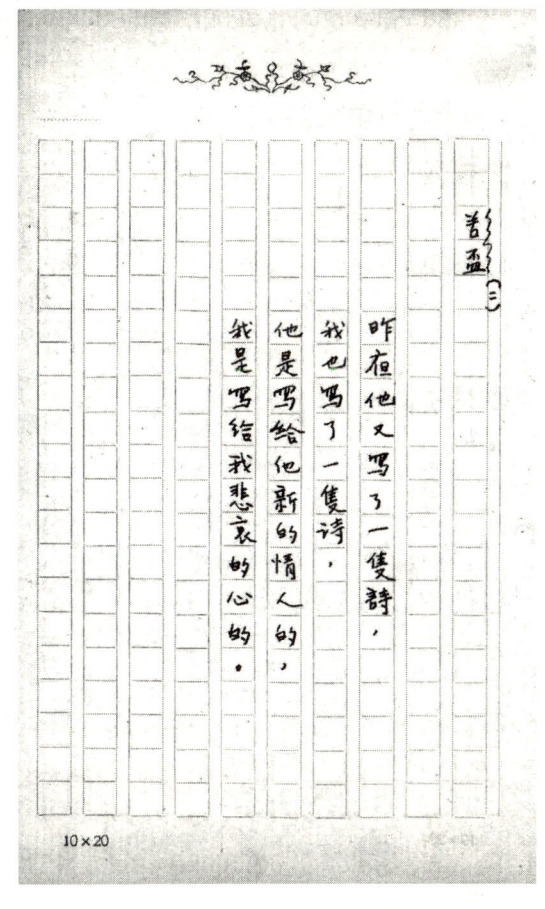

《苦杯》之二。

《苦杯》之十

近来时时想要哭了,
但没有一个适当的地方:
坐在床上哭,怕是他看到;
跑到厨房里去哭,
怕是邻居看到;
在街头哭,
那些陌生的人更会哗笑。

人间对我都是无情了。

被感情所困的萧红，想来那一段是"时时想要哭了"，但又苦于找不到一个合适的地方，多是抑制与隐忍着。如此苦闷又不愿跟人诉说，更是没有可凭依靠的肩膀和胸膛，那就只有用诗记下来吧。"床上"和"厨房里"都不行，因为不想让"他"和"邻居"看到，那"街头"上也不行，因为陌生人会"哗笑"，这真是哭诉无门，不由得发出悲叹："人间对我都是无情了"，她感到自己仿佛是个被命运苛待的人间弃儿。

痛定思痛，她对自己这一段外人眼中的传奇之恋产生了深深的质疑：

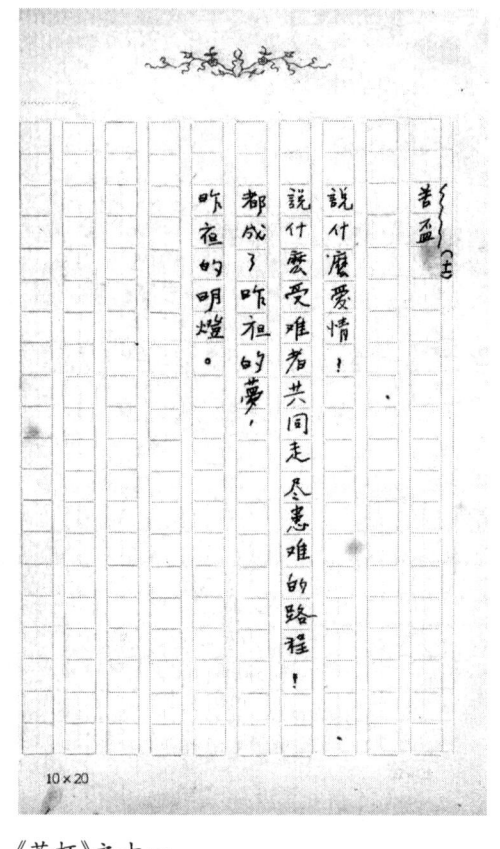

《苦杯》之十一。

《苦杯》之十一

说什么爱情！
说什么受难者共同走尽患难的路程！
都成了昨夜的梦，
昨夜的明灯。

也许不过是瞬间的感悟，也许不过是信手拈来，曾经的铭心刻骨，此刻已经时过境迁。作者的一品才情和生花妙笔自不待言，在这首短诗中同时还浓缩着相当丰富的内容和信息，她不再叙事，不再哭诉，也不再幽怨感伤命运之悲凉,完全进入了另一番境界,已经开始了禅悟,她终于有所明白,她曾经以命相托的"爱情"锦书里的山盟:"受难者共同走尽患难的路程",如今看来,已不复存在,只不过是"昨夜的梦,昨夜的明灯"。

这一段失去了平衡的生活,就是被许广平看在眼里的"烦闷、失望、哀愁笼罩了她整个的生命力"的那个时期,"她有时谈得很开心,更多的是勉强谈话,而强烈的哀愁时常侵袭上来,像用纸包着水,总没法不让它渗出来。自然萧红女士也常用力克制,却转向加热在水壶上,反而在壶外面满都是水点,一些也遮不住。"(许广平:《忆萧红》,《大公报·文艺》,1945年11月28日)

"绯闻"的负面作用,造成了她精神层面的暗淡无光,在"苦杯"中纠结得太久了,她自己也不想总是这样,也想为这种不良状态寻找一个出口,或者说是她想离开所有眼见的烦闷,找一个可以疗伤的地方,在不被打扰的空间里,静静地舔舐自己的伤口,静静地调整自己的心态,静静地思考一番他和她的未来。于是,和萧军暂时分开的方案就成了首选。

在这种情况下,因了黄源的建议,萧红想去日本待一段时间。

选择日本,缘由如下:
上海距日本的路程不太远,生活费用贵不了多少;
那里环境比较安静,既可以休养,又可以专心读书、写作,同时也可以学学日文;
日本的出版业比较发达,若日文能学通,读一些世界文学作品就方便得多了;
黄源夫人许粤华当时正在那里攻读日文,这样也能够对她有所照应……
(萧军:《萧红书简辑存注释录》P6,哈尔滨,黑龙江人民出版社,1980)
也有研究者提到另外的原因:"她意外收到秀珂的一封东京来信,说他已在东京念书。这也是让她心动的一个重要原因。"(叶君:《从异乡到异乡——萧红传》P191,北京:中国社会科学出版社,2009年3月)

决定要东渡之后,她做了西装,烫了头发,想以一个全新的面貌来对待这次远足;正好书店里结算了一笔书款,更助她得以成行。

第六节 最后的晚餐

1936年7月15日,病中的鲁迅在家设晚宴为萧红饯行,一直在发烧的他,靠在藤椅上,仍是不断地叮嘱毫无出国经验的萧红一些注意事项,被即将到来的惜别之情攫住的萧红一一点头记下。

有谁知,那日的"广平治馔",竟是他们最后的晚餐?!

7月16,黄源和萧军为萧红送行,三个人一起好好吃了一顿,饭后又去照相馆拍了张合影。

1936年7月17日,上海码头,在萧军的目送下,萧红登上轮船,驶向异国。

1936年7月16,三位年轻人在一起吃了一顿为萧红送行的饭,饭后还专门照了一张合影。右起萧红、萧军、黄源。

鲁迅先生为此照题字:"悄于一九三六年七月十七日赴日,此影摄于(十六日)宴罢归家时。"

关于当年萧红在上海的踪迹,有兴趣的读者可参阅丁氏姐弟的考证文章,他们是丁景唐先生的子女,因为"天时地利"加"人和",文中有着最翔实的信息——

丁言昭:《萧红在上海事迹考》,哈尔滨:黑龙江省社会科学院文学研究所《东北现代文学史料》第四辑,1982年3月

丁言模:《萧军、萧红在上海的故址》,《档案春秋》,2005年第4期

第六章 东瀛孤旅

第一节 这是异国了

萧红在东京期间的生活,过去由于资料的匮缺,只有一团模糊的印象;近年来由于业内人士各方面的努力,特别是日本研究界提供的考据资料等,使得萧红这一段的生活轮廓逐渐清晰。

当然,功不可没的当首推作者旅日期间寄给萧军且奇迹般地存留下来的三十多封信;如若没有这一批信件,仅凭那些公开发表的作品,要想知道和了解萧红在日本的生活情况,几乎是很难想象的。

1936年7月17日,萧红乘船从上海码头起航,前往日本。

1936年7月21日,经过三天海上颠簸的萧红抵达东京,在离黄源夫人许粤华不远的地方找好了住处。

安顿下来后,匆匆致信萧军:
"一张桌子和一个椅子都是借的,屋子里面也很规整,只是感到寂寞了一点,总有点好像少了一点什么!住下几天就好了。
外面我听到蝉叫,听到踏踏的奇怪的鞋声。"
(萧军:《萧红书简辑存注释录》P9,哈尔滨:黑龙江人民出版社,1981年1月)

几天后,因为还没适应新环境,还没有接到上海来信,7月26日再致萧军:
"这里的天气也算很热,并且讲一句话的人也没有,看的书也没有,报也没有,心情非常坏,想到街上去走走,路又不认识,话又不会讲。

这里太生疏了,满街响着木屐的声音,我一点也听不惯这声音。这样一天一天的我不晓得怎样过下去,真是好像充军西伯利亚一样。

比我们起初来到上海的时候更感到无聊,也许慢慢的就好了,但这要一个长的时间,怕是我忍耐不了。不知道你现在准备要走了没有?我已经来了五六天了,不知为什么你还没有信来!"

(萧军:《萧红书简辑存注释录》P11,哈尔滨:黑龙江人民出版社,1981年1月)

8月9日,完成一篇散文《孤独的生活》。

《孤独的生活》是萧红到日本后(除却致萧军的信)写下最早的,且寄回国内发表的文字,最初发表在1936年9月5日上海的《中流》创刊号,是对她初到东京生活状态的最好注释、诠释和参照;这使她的朋友和关心她的读者们能够知道她到达日本后的基本情况。不知这是不是她在日本期间所写作品中仅有的散文,后结集在《牛车上》出版。

通篇都是落寞和不适,无所事事(或有事做不下去):
街上虽然已经响着木屐的声音,但家屋仍和睡着一般的安静。我拿起笔来,想要写点什么,在未写之前必得要先想,可是这一想,就把所想的忘了!
为什么这样静呢?我反倒对着这安静不安起来。
于是出去……
于是又回到房间……
再站起来走走,觉得所要写的,越想越不应该写,好,再另计划别的。
刚一躺下,树上又有一个蝉开头叫起。蝉叫倒也不算奇怪,但只一个,听来那声音就特别大,我把头从窗子伸出去,想看看,到底是在哪一棵树上?
于是穿起衣裳来,去吃中饭。经过华的门前,她们都不在家……
回来又到华的门前看看,还没有回来……
吃了这些东西之后,着实是寂寞了。想要出去走走,又怕下雨。终于拿了雨衣,走出去了,想要逛逛夜市,也怕下雨。还是去看华吧!一边带着失望一边向前走着，结果，她们仍是没有回来，仍是看到了两双拖鞋，仍是听到了那房东说了些我所不懂的话语。

假若，再有别的朋友或熟人，就是冒着雨，我也要去找他们，但实际是没有的。只好照着原路又走回来了。

雨又开始了，但我的周围仍是静的，关起了窗子，只听到屋瓦滴滴地响着。

天还未明，我又读了三篇。

我们从中可以看出，信也罢，散文也罢，全是初到的不适和不安。让她不耐烦和不习惯的东西也总是两样：木屐声和蝉鸣，信中和文中都一再提及，反映了她内心的不安和焦躁，可见对她刺激之深。

因此，在下一封信里，尽管几天前接到了萧军的回信，情绪有所好转，尽管已经初步适应了陌生的环境，更为可贵的是她勉力克服所有的不利因素，已经开始了工作。但她的心情，依然孤寂，她的寂寞，依然难以排遣；在信的最末，依然难免拿"异国的蝉鸣"和"踏踏的木屐声"说事儿。

白天，看到东京"青蓝的天空"，疑似"家乡六月里广茫的原野"；夜间，听到"窗外的树声"，也好像"家乡田野上抖动着的高粱"，但无论是充塞耳中的"树声"还是映入眼帘的"天空"，都与家乡无干，都与自己无关，它们时时在提醒孤旅的作者，"这是异国了"，这是离家乡万里之遥的异国了！

于是，信手拈来，就有了这首

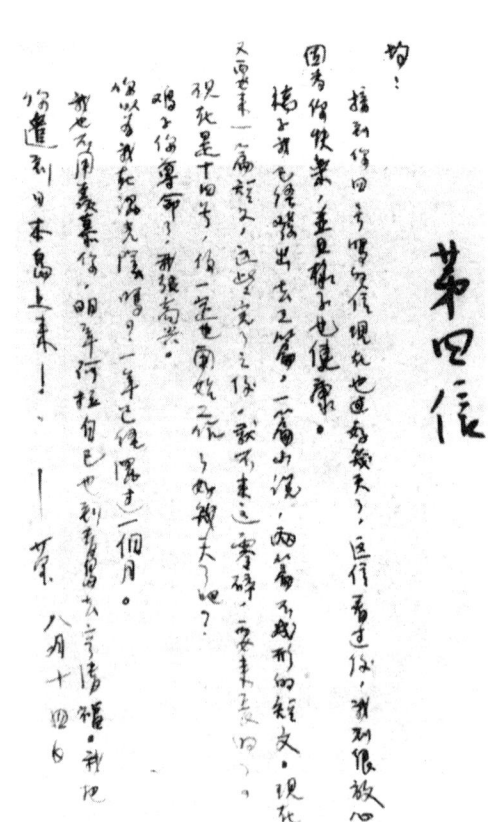

1936 年 8 月，萧红从日本寄给萧军的信。

《异国》。

（萧军:《萧红书简辑存注释录》P12,哈尔滨:黑龙江人民出版社,1981年1月）

夜间:这窗外的树声,
听来好像家乡田野上抖动着的高粱,
但,这不是。
这是异国了,
踏踏的木屐声音有时潮水一般了。
日里:这青蓝的天空,
好像家乡六月里广茫的原野,
但,这不是,
这是异国了。
这异国的蝉鸣也好像更响了一些。

或许是把所有的寂寞和不适都充分表达和释放之后,那寂寞和不适也就不复存在;因为在那之后,信中几乎没有类似的诉说了。

在8月14日的信中,我们欣喜地看到了这样的字句:"稿子我已经发出去三篇,一篇小说,两篇不成形的短文。"并且计划写长一些的东西。

这时萧军已去了青岛,隔海相望,他们鱼雁频通。得知萧

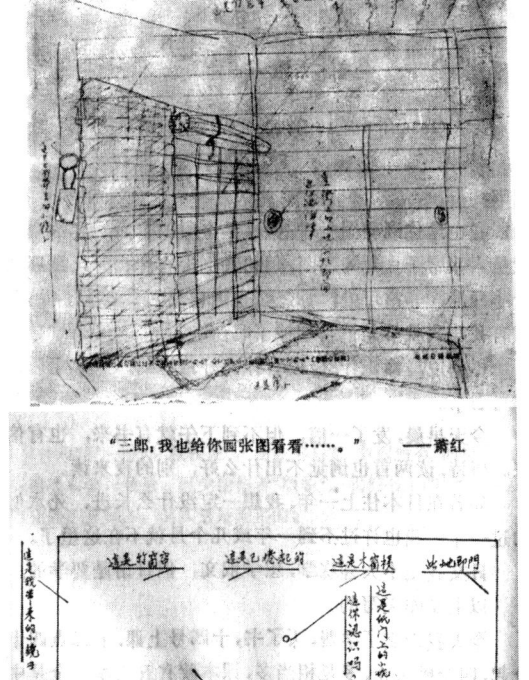

1936年9月10日,萧红手绘的东京住处草图,在信中寄给了萧军。

军很健康,她很高兴,并逐渐适应了最初的孤独,在不到一个月的时间里,就寄出了三篇文章。

但是到了8月22日,情绪又有所波动,因为:

"天又下雨,你又总不来信,又加上华要回去了!又加上近几天整天发烧。""烧得骨节都酸了!"

这时她到日本才一个月,这是她碰到的第一个坎。

天气不好影响了心情,而且还接不到萧军的信,最主要的是"华"要回去了,黄源的父亲病重,经济上吃紧,不得不回去,那样的话,"再就没有熟人了",这对刚在东京生活的萧红是个不小的挫折。

同时考验她的,还有那一向不争气的身体,在她短暂的一生中,疾病总是不时地来造访。

但很快,她又打起精神投入工作了,8月27日致信萧军:"现在要开始一个三万字的短篇了。给《作家》十月号。"

在随后的信中都在报告自己的写作进度什么的,8月30日信:

二十多天感到困难的呼吸,只有昨夜是平静的,所以今天大大的欢喜,打算要写满十页稿纸。

发出此信的翌日再致萧军:

不得了了!已经打破了纪录,今已超出了十页稿纸。我感到了大欢喜。

两天之后:

现在也许一心一意的缘故,创作得很快,有趣味。

9月4日信中:

自己觉得写得不错,所以很高兴。

我自己觉得满足,一个半月工夫写了三万字。

一开学,我就要上学的,生活太单纯,与精神方面不很好。

这个她感到了"大欢喜"的、"有趣味"的、"写得不错"的"三万字的短篇",就是9月4日完成,10月15日连载于上海《作家》第二卷上的名篇《家族以外的人》。

因此我们也可以看出,作为作家的萧红,真的"是以自己的生命来对待自己的工作的,这也就是很快地熄灭了她的生命之火的重要原因之一。"
(萧军:《萧红书简辑存注释录》P12,哈尔滨:黑龙江人民出版社,1981年1月)

结束了这个短篇之后,她就打算去"上学"了,所谓上学,是到东亚学校补习日语,这也是她东渡的目的之一。东亚学校是一所专为中国人预备的补习学校,学员都是初到日本的中国人;这所学校的位置距离萧红的住处只有一公里多一点,她的往返主要靠步行。

9月10日,去交了学费买了教材,9月14日开始上课;萧红在东亚学校的补习时间为1936年9月14日—12月23日,共三个多月。

但两天以后"刑事"的不请自来,让她很是上火,"情感方面很不痛快",甚至不想再在日本待下去了。

当时日本有"警察之国"的盛名,所谓"刑事"(便衣)几乎无处不在。萧红的左翼作家身份若被他们掌握,那真的就会很麻烦。好在她的生活非常简单,没有多少可疑之处,所以在被"跟"了些日子后,就不跟了。烦乱了一周后,"心又安然下来了",决定还是住下去。

日本千叶县日中友好协会理事中村龙夫先生,曾为萧红写过一部小传《火烧云》,他在一篇文章中提到过当年的一些情况:

这时候在东京发生"二二六事变",政府施行戒严。是2月26日早晨,二十几名士官带领1400名的陆军士兵起义,杀害天皇的重臣,自称"昭和维新",占据总理官邸、陆军省、国会议事堂等。这次"叛乱"经过三天后就被镇压,士官都给判"死刑"结束。

萧红在东京的时候,虽然戒严已经解除了,可是当局对于左派作家的监视和取缔是很严的。

[(日)中村龙夫:《萧红在东京》,《萧红研究》第三辑P258,哈尔滨:哈尔滨出版社,1993年9月]

已经开始在东亚学校上课了,那里的课业量又很大,"每日花费在日语上要六七个钟头"(1936年10月17日致黄源信,见萧军:《萧红书简辑存注释录》P72,哈尔滨,黑龙江人民出版社,1981年1月),使得她疲于应对,几乎没有时间用于写作。

10月13日致萧军,似乎是到东京后第一次在信中提到她时刻牵挂着的鲁迅先生:"在电影上我看到了北四川路,我也看到了施高塔路,一刻我的心是忐忑不安的。我想到了病老而且又在奔波里的人了。"

(萧军:《萧红书简辑存注释录》P70,哈尔滨,黑龙江人民出版社,1981年1月)

这仿佛是对先生的回应,因为10月5日鲁迅在给茅盾的信中有云:

萧红一去以后,并未给我一信,通知地址;近闻已将回沪,然亦不知其详……

(《鲁迅书信集》(下),北京,人民文学出版社,1973年8月)

两萧分别时曾经约定,他们离开上海后都不给鲁迅先生写信,为的是减少先生复信的劳顿,尽管这样,萧红和鲁迅也是相互惦念着的,他们之间弥

暂时分开一段时间,她的身体恢复了一些。
1936年秋,25岁的萧红在日本东京。

漫着心有灵犀的情谊。

10月20日的信里更是一派的顺畅：
胃病已好了大半,头痛的次数也减少。
六元钱买了一套洋装(裙与上衣)毛线的。还买了草褥,五元。
大概在一个地方住得久一点,也总是开心些的,我的心情好像开始要管到一些身外的装点,虽然房间里挂起一张小画片来,不算什么,是平常的,但,那须要多么大的热情来做这一点小事呢?
报上说L来这里了……?
(萧军:《萧红书简辑存注释录》P74,哈尔滨,黑龙江人民出版社,1981年1月)

她把自己居住的小屋装点得非常温馨了，这是她到东京后从未有过的举止,这是她适应了环境并且心情好转的具体体现,一切似乎都在好起来。

可是,让她猝不及防的是,悄然之间,巨大的悲哀已经无情袭来。

1936年10月19日凌晨,鲁迅病逝于上海大陆新村九号寓所。

第二节　我想一步踏了回来

鲁迅逝世的消息很快就传到日本，但由于萧红日文程度非常有限看不懂日文报纸,且跟别人几乎没有什么交流,所以,她并没有能够在第一时间知道消息。

10月20日,她看到一张报纸上的标题是鲁迅的"偲",且文中有几处"逝世"的字样,心中顿失平衡,马上有了不祥的预感。
21日的早晨,还是在那个她经常用餐的小饭馆里,又看到报纸上"鲁迅"、"逝世"、"损失"之类的字眼儿,方寸大乱,她的心已被恐惧紧紧地掳住了。
因为急于要验证消息,和周围的人又语言不通,顾不得吃完饭就出来,然后急忙乘电车赶往市郊一处叫"东中野"的地方,去找那唯一的熟人。电车上本不拥挤她却是一路站着,心中的焦虑和恐慌使她根本无法坐下,一路上都在流着眼泪,满脑子都是报上那黑色的字体:"逝世"!"逝世"!到了朋友处,张皇失措的她说明情况后却被朋友宽慰了一番。在送她出来的时候,朋友还说她"神经质","慌张得有点傻",那是她最愿意听到的话了,她宁愿这是自己的杞忧,在忐忑不安中,在半信半疑中,她呆呆地回到了自己的住处。

　　远在东京的萧红,确认鲁迅的噩耗是在10月22日;23日又看到一份中文报纸,上面登了消息并且配发了鲁迅遗容的照片,这彻底击碎了她心中残存的一点点侥幸和祈盼,把她抛入了绝望的深渊。

　　24日,强忍悲痛致信萧军:

　　昨夜,我是不能不哭了。我看到一张中国报上清清楚楚登着他的照片,而且是那么痛苦的一刻。可惜我的哭声不能和你们的哭声混在一道。

　　现在他已经是离开我们五天了,不知现在他睡到哪里去了?

　　我想一步踏了回来,这想象的时间,在一个孤独了的人是多么可怕!

　　最后你替我去送一个花圈或是什么。

　　这封信后来以《海外的悲悼》为题,11月5日发表在黎烈文主编的《中流》第一卷第五期"哀悼鲁迅先生专号"上。编辑的按语说发表此信,"好让她的哭声和我们的哭声混在一道"。信中的那句孩子式的痴问"不知现在他睡到哪里去了?"今天读来,依然令人动容。在那最初的几

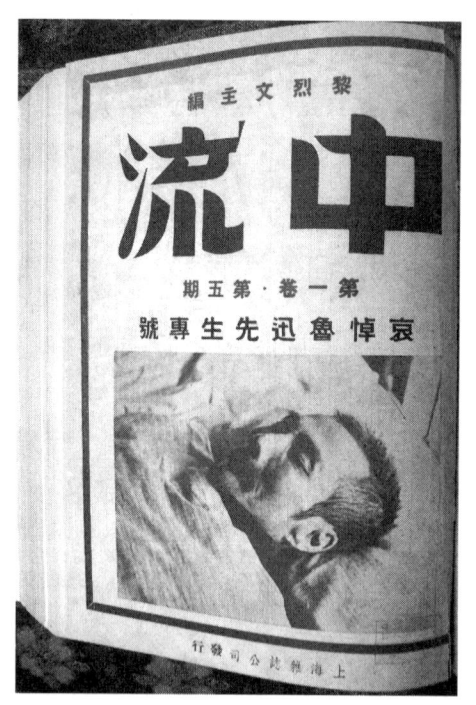

1936年10月24日致萧军的信,后来以《海外的悲悼》为题,1936年11月5日发表在黎烈文主编的《中流》第一卷第五期"哀悼鲁迅先生专号"。编辑的按语说,发表此信,"好让她的哭声和我们的哭声混在一道"。

第六章 东瀛孤旅　101

当时现场留下的图片资料中我们看到。花圈的挽联上,萧红的名字已列在其中,这是16个青年作家联名"敬献鲁迅先生"的。

天,想一步踏了回来却不能,更不能抑制回来的想象,她承受的孤独和可怕已无以复加。

萧红确知消息之日,正是上海各界公祭鲁迅之时,在那前后,萧军忙于丧仪的种种事务,没有时间也没有勇气写信告知萧红。在没有接到24日那封信之前,他已替萧红送过了花圈,在此类问题上,他们自有心心相印的默契。

从当时留下的史料图片中我们看到,送葬队伍的最前列是青年作家张天翼手书"鲁迅先生殡仪"的横幅,紧随其后就是一个巨大的轭形花圈,花圈的挽联上写着"敬献鲁迅先生",敬献者的落款处,萧红的名字已列在其中,这是以16个青年作家的名义集体敬献的,他们是:

　　草　明　　张天翼　　槲　公　　姚　克
　　屠　琪　　周　文　　萧　红　　路　丁
　　华　沙　　胡　风　　契　萌　　欧阳山
　　萧　军　　奚　如　　周　颖　　聂绀弩

在鲁迅逝世后的一段时间里,萧红的精神和身体都受到重创,那深深悲哀和绵绵心痛浓得迟迟化不开,对她的一生都产生了重大影响。

一时间,什么都干不下去。

10月29日给萧军信:

　　这几天,火上得不小,嘴唇又全烧破了。其实一个人的死是必然的,但知道那道理是道理,情感上就总不行。我们刚来到上海的时候,另外不认识更多的一个人了。在冷清清的亭子间里读着他的信,只有他,安慰着两个漂泊的灵魂!……写到这里鼻子就酸了。

这几天,火上得不小,嘴唇又全烧破了。

1936年秋,日本,东京;面容悲苦,情绪极坏。

　　(萧军:《萧红书简辑存注释录》P78,哈尔滨,黑龙江人民出版社,1981年1月)

11月2日致萧军:

　　近来水果吃得很多,因为大便不通的缘故,每次大便必要流血。
　　许女士也是命苦的人,小时候就死去了父母,她读书的时候,也是勉强挣扎着读的,她为人家做过家庭教师,还在课余替人家抄写过什么纸张,她被传染了猩红热的时候是在朋友的父亲家里养好的。这可见她过去的孤零,可是现在又孤零了。孩子还小,还不能懂得母亲。既然住得很近,你可替我多跑两趟。别的朋友也可约同他们常到她家去玩,L没完成的事业,我们是接受下来了,但他的爱人,留给谁了呢?

　　(萧军:《萧红书简辑存注释录》P82,哈尔滨,黑龙江人民出版社,1981年1月)

有刊物来约回忆先生的稿件,她只能婉拒:

关于回忆L一类的文章,一时写不出,不是文章难作,倒是情绪方面难以处理。本来是活人,强要说他死了!——这么想就非常难过。

(萧军:《萧红书简辑存注释录》P87,哈尔滨,黑龙江人民出版社,1981年1月)

鲁迅逝世后,日本在最短的时间内为他出了《全集》,萧红知道后不免有些着急,11月19日致信萧军:

因为夜里发烧,一个月来,就是嘴唇,这一块那一块的破着,精神也烦躁得很,所以一直把工作停了下来。

关于周先生的全集,能不能很快的集起来呢?我想中国人集中国人的文章总比日本集他的方便,这里,在十一月里他的全集就要出版,这真可配(佩)服。我想找胡、聂、黄等诸人,立刻就商量起来。

(萧军:《萧红书简辑存注释录》P90,哈尔滨,黑龙江人民出版社,1981年1月)

鲁迅逝世后,她最记挂的人当属许广平,一直想写信给许先生,一直又不敢写:

许的信,还没写,不知道说什么好,我怕目的是想安慰她,相反的,又要引起她的悲哀来。

(萧军:《萧红书简辑存注释录》P94,哈尔滨,黑龙江人民出版社,1981年1月)

周先生的画片,我是连看也不愿意看的,看了就难过。海婴想爸爸不想?

(萧军:《萧红书简辑存注释录》P99,哈尔滨,黑龙江人民出版社,1981年1月)

萧红在日本的生活可以鲁迅去世为界分为前后两个阶段。

绝大部分作品都在前一阶段写作和发表,所写作品《孤独的生活》、《家族以外的人》、《牛车上》、《红的果园》、《王四的故事》半年后结集为《牛车上》,作为巴金主编的《文学丛刊》第五集第五册,1937年5月由文化生活出版社初版;后一阶段由于精神痛苦和在东亚学校学习日语耗时甚多,作品数量远远比不上前一阶段,数量虽不多,质量上并不乏可圈可点之作:一是旅日后期陆续写下的组诗《沙粒》;二是1936年12月12日写下的自传性散文《永久的憧憬和追求》。

1936年11月24日,萧红致信上海的萧军:

现在我随时记下来一些短句,我不寄给你,打算寄给河清,因为你一看,就非成了"寂寂寞寞"不可,生人看看,或者有点新的趣味。

(萧军:《萧红书简辑存注释录》P94,哈尔滨,黑龙江人民出版社,1981年1月)

信中所说的一些短句,就是写作中的组诗《沙粒》。回国前,这些零星、断续写成的短句已有三十多首。一般由三五句构成,每首不拘节数;每节不拘行数;每行不拘字数;"短小、自由、富有哲理意味",看似简洁但意蕴深远,颇有五四小诗之韵味。

诗中所透露的信息,已绝非单纯的孤独与乡愁,已经有了更多的内涵,深刻而丰富。诗作业已基本蜕去以前那种没有遮拦的直白之诉,而代之以内敛和含蓄,使整个组诗呈现出隽永的空谷足音,并在此基础上有了一些形而上的思考,这些初初显露的"形而上",已隐约发散出令人欣喜的知性之智和理性之光。

组诗《沙粒》,是萧红所有诗作中篇幅最长、字数最多的作品,也是她生平成就最高、最有价值的诗歌创作。

12月12日在东京写下了此生最重要的散文名篇:《永久的憧憬和追求》。它最初发表在1937年1月10日上海《报告》第一卷第一期,篇后有附记:

这是作者写给Esgnr Snow翻译的Living China中国小说集,准备在美国出版时加进去的一篇自传,兹先刊在这里。

《永久的憧憬和追求》无论作为自传还是散文名篇都脍炙人口,一向为无数读者所钟爱。返璞归真的语言,掩不住作者过人的才情,文中倾诉的期待和向往,至今都感动着读者的心灵。特别是文章的最后两句,几乎可以看做作者生活和写作的宣言:

可是从祖父那里,知道了人生除掉了冰冷和憎恶而外,还有温暖和爱。所以我就向这"温暖"和"爱"的方面,怀着永久的憧憬和追求。

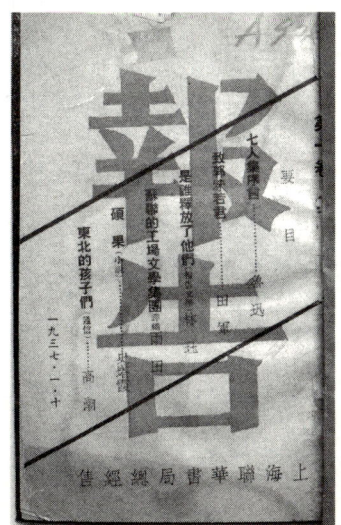

1936年12月12日,在东京写下经典散文:《永久的憧憬和追求》。它最初发表在1937年1月10日上海创刊的《报告》第一卷第一期。
《报告》是1926年年底,几位东北作家创办的半月刊,编辑者署名是黄硕(黄田),1937年1月10日出版,可惜只出了创刊号这一期。
《报告》创刊号封面。

《报告》创刊号目录

旅居日本期间，萧红还有两本新书问世：

8月间，散文集《商市街》作为巴金主编的《文学丛刊》第2集第12册由文化生活出版社在上海出版，作者署名悄吟；因为受到读者的欢迎，当年9月就再版了。

《商市街》记载的是两萧在商市街艰难生活的实录，也是他们一生中重要的起步阶段，其意义远远超过二人世界的个人悲欢，因而不可忽略。

《商市街》中共收文41篇，其中部分篇章已在报刊上发表过：

《欧罗巴旅馆》《雪天》《他去追求职业》《家庭教师》《来客》《提篮者》《饿》《搬家》《最末的一块木桦》《黑列巴和白盐》

1936年8月，散文集《商市街》作为巴金主编的《文学丛刊》第2集第12本，由上海文化生活出版社初版。

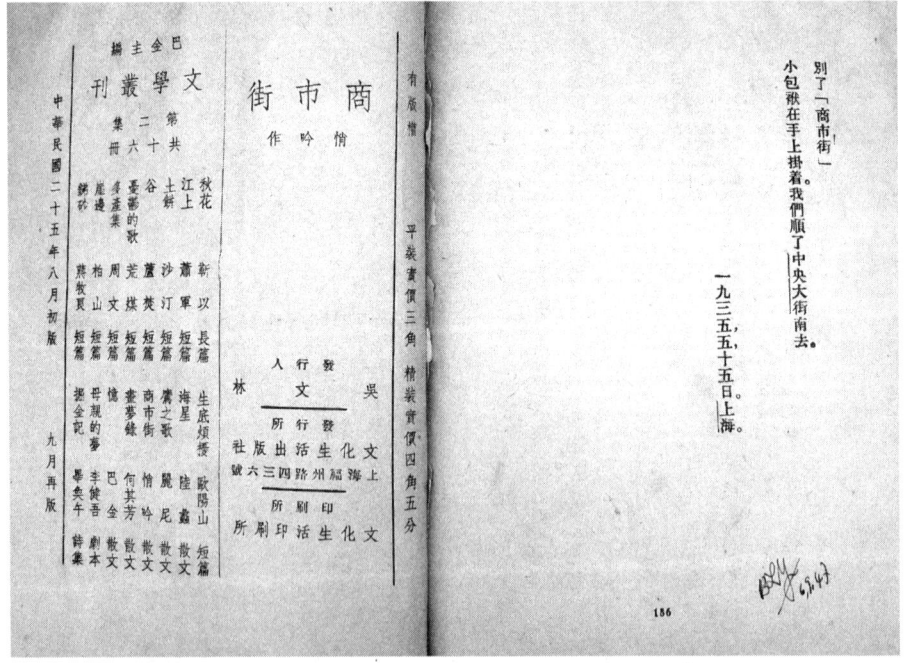

1936年9月，因为颇受读者欢迎，初版一个月的《商市街》即再版发行。

《度日》《飞雪》《他的上唇挂霜了》《当铺》《借》《买皮帽》《广告员的梦想》《新识》《牵牛房》《十元钞票》《同命运的小鱼》《几个欢快的日子》《女教师》《春意挂上了树梢》《小偷》《车夫和老头》《公园》《夏夜》《家庭教师是强盗》《册子》《剧团》《白面孔》《又是冬天》《门前的黑影》《决意》《一个南方的姑娘》《生人》《又是春天》《患病》《十三天》《拍卖家具》《最后的一星期》。

书后附有"郎华"(萧军)所写的读后记：

因为这书里有我，于是就觉得自己也应该有权利写两句话似的？读者如认为多余，那么我觉得这部书的印出，根本就是多余。

怎样说呢？这仅仅是一点不折不扣的生活记录。但是我爱它，正因为它不折不扣，有我们自己一些什么在里面……所以我们爱它。也许读者从这里面会寻出点别的，又是我们愿望以外的事了。

"爱自己比别人总要亲切些；爱自己每个生活的脚印，也更甚些！"我是这样感觉着的。

一九三五，五，十日，上午二时十分
在上海一个暗屋子里

一版再版的消息传到日本，萧红自己也很受鼓舞："《商市街》被人家喜欢，也很感谢。"(1936年11月19日致萧军信，萧军：《萧红书简辑存注释录》P90，哈尔滨，黑龙江人民出版社，1981年1月)

1936年11月，散文集《桥》作为巴金主编的《文学丛刊》第3集第12册由文化生活出版社在上海初版，作者署名悄吟。

《桥》中收文13篇，其中大部分作品也已在报刊上发表过：

《小六》《烦扰的一日》《桥》《夏夜》《过夜》《破落之街》《访问》《离去》《索菲亚的愁苦》《蹲在洋车上》《初冬》《三个无聊人》《手》。

但对这本《桥》，作者的态度似乎远远比不上《商市街》：

《桥》也出版了？那么《绿叶的故事》也出版了吧？关于这两本书我的兴味

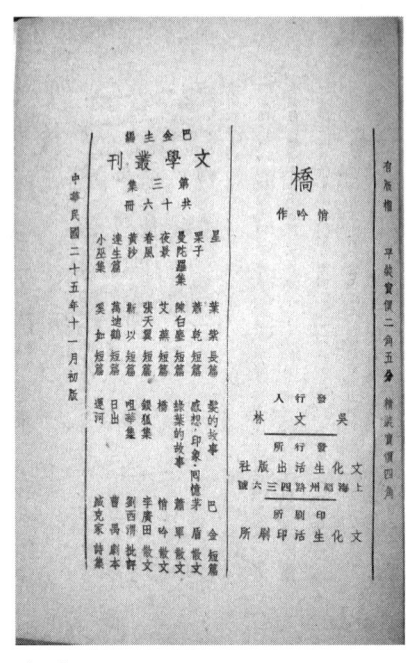

1936年11月,散文集《桥》作为巴金主编的《文学丛刊》第3集第12册由文化生活出版社在上海初版。

《桥》之初版的版权页。

都不高。

(1936年11月24日致萧军,见萧军:《萧红书简辑存注释录》P94,哈尔滨,黑龙江人民出版社,1980)

有关萧红在东京的居处,即她给萧军信中所说的"东京趣町区富士见町,二丁目九一五",日本学者平石淑子在20世纪80年代曾有过认真的走访和查找,但她的结论却令人遗憾:"在这个地址已经找不到萧红的脚印",因为在萧红离开东京九年后的1945年,东京曾遭受美军空袭,那些经过战火洗礼的街道早已面目全非。平石女士甚至查找了与当时和后来的行政区划变更的有关资料,也实地去访问那些幸存者,以期也许能得到一点点关于(应是萧红房东的)那个叫"中村方"的人的信息,但当地居民和附近居民的回答都和她要找的答案对接不上。那个创办于1914年、专供中国人学习日语的"东亚补习学校",曾为初到日本的中国人学习日语做出过很大贡献,更为有趣的是,该校的创始人,正是当年曾在弘文学院教过"周树人君"的日本著名教育家松本龟次郎先生(平石淑子:《萧红在东京》,日本第44届国际东方学者会议论文,国立教育会馆,1999年6月)。这所学校的具体校址,也一直未弄清楚,但联系到"地利"因素来综合考究,在离萧红居住的"富士见町"一公里处有所"东亚高等预备学校",也许就是萧红每天步行去上课的所在吧。

读罢考证文章,作为奢望着有朝一日能到东京去寻觅萧红足迹的读者,平石教授下面的这番话,应使我们牢牢记住:

现在,把这些很不完全的调查结果公诸于众,不过是为了使后来的研究者,无须再寻找这个遗址罢了。

长发单人照,"有些像东洋女人了";1937年年初,回国前所照。

(平石淑子:《有关萧红在东京的事迹调查》,1984年《北方文学》第一期)

平石教授是日本国著名学者,长期以来致力于研究中国现代文学特别是东北作家群,治学严谨扎实,所有考据皆有来历,令人感佩,所以,她的结论,可信可取。

1937年1月4日给萧军一封短信通报近况:

军:

新年都没什么乐事可告,只是邻居着了一场大火。我却没有受惊,因在沈女士处过夜。

二号接到你的一封信,也接到珂的信。这是他关于你的鉴赏。今寄上。
祝好。

荣　子一月四日

(萧军:《萧红书简辑存注释录》P106,哈尔滨,黑龙江人民出版社,1981年1月)

这是这封信的全文,其中一点都看不出有回国的迹象,但这差不多就是她离开日本前最后的信件;五天之后,已经踏上了归途。

第三节　归去来

这是她平生唯一的境外之旅,也是她一生中时间最长的个人旅行。

1937年1月9日,萧红从东京转道横滨,搭乘日本邮轮"秩父丸"号回国。1月13日,登陆上海汇山码头。

从1936年7月17日离开上海,到1937年1月13日返回上海,萧红此次东瀛之旅,时近半年。

旅日期间,除学习了一段时间的日语,在创作上也有不小的收获,《牛车上》集子里的作品均写于日本,此外还有组诗《沙粒》,自传性的经典散文《永久的憧憬和追求》,并有几十封信件存世……在东京期间,独自经受着鲁迅病逝带来的巨大打击。

此番东京孤旅,也在很大程度上锻炼并提高了心灵的承受力,对她后来生活的各个方面,都产生了一定的影响。

第七章　重返上海

第一节　只说一声：久违！

1937年1月13日，旅居日本回国的萧红抵达上海汇山码头。

归途中，在船上，她意外地遇到了中学时代的朋友高原；叙旧中自是有说不完的话，重逢的喜悦赶走了旅途的寂寞。

回到上海后，两萧住在吕班路（今重庆南路）256弄一家由俄国人经营的家庭公寓，仍属法租界。弄堂里是一排西班牙式的楼房，门口有石阶，房客大部分是白俄，当时许多流亡的东北作家也集居在这里。

安顿下来后，最想做又最怕做的一件事，就是到万国公墓祭奠鲁迅先生。终于，在早春一个"半阴的天气"，她"跟着别人的脚迹"，走进了墓地。

这里对她是全然陌生的，她想不通为什么只能到这里来见先生，墓前站着已经掉了底的花瓶，萧红一眼就认出那曾是鲁迅先生家栽种"万年青"的花瓶。

再也听不到先生明朗的笑声冲下楼梯；再也看不到先生关爱和鼓励的目光；再不能一起吃水饺与荷叶饼；再不能同观影片谈天说地……痛失鲁迅先生之后的上海，在萧红眼里怎么看都觉得有几分黯然了……

墓地归来，恸不可支；3月8日，萧红写下了《拜墓诗》。

拜墓诗
　　——为鲁迅先生

跟着别人的脚迹,
我走进了墓地,
又跟着别人的脚迹,
来到了你的墓边。

那天是个半阴的天气,
你死后我第一次来拜访你。

我就在你的墓边竖了一株小小的花草,
但,并不是用以招吊你的亡魂,
只说一声:久违。

我们踏着墓畔的小草,
听着附近的石匠钻着墓石的声音。

那一刻,
胸中的肺叶跳跃了起来,

我哭着你,
不是哭你,
而是哭着正义。

你的死,
总觉得是带走了正义,
虽然正义并不能被人带走。

我们走出了墓门,

第七章　重返上海

基地归来,豹不可支;3月8日,萧红写下《拜墓诗》。

那送着我们的仍是铁钻击打着石头的声音,
我不敢去问那石匠,
将来他为着你将刻成怎样的碑文?

此诗首发于4月23日《大公报》副刊《文艺》第327期。

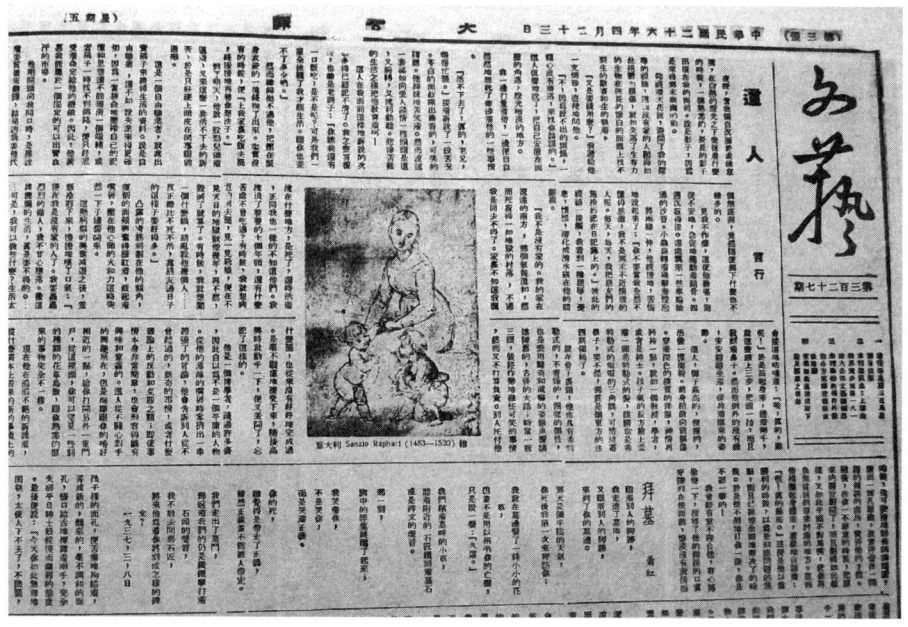

《拜墓》诗发表于1937年4月23日《大公报》副刊《文艺》。

回到上海后,因为已经有了一定的影响,许多刊物都向她约稿,社会活动也多了起来,生活一时间丰富充实。

1937年3月,日本小说家小田岳夫到达上海,他作为日本撰写鲁迅传的第一人,为创作一部以上海为背景的小说而实地考察;同时,更是为日本改造社即将出版的《大鲁迅全集》中《两地书》翻译的有关问题拜访许广平。

此照片来源于小田岳夫的回忆录《文学青春群像》(日本南北社,1964年10月26日出版)。当时在小田岳夫眼里,刚从日本回国的萧红"身着中国妇女中罕见的西装。其容貌还未脱掉孩子气,显得天真"。

1937年3月,上海法租界霞飞坊许广平寓所;日本作家小田岳夫访问上海,
前排左起——
鹿地亘:日本左翼青年作家,流浪上海,经内山完造先生介绍结识鲁迅,当时和胡风共同翻译鲁迅先生的杂感和散文。
小田岳夫:日本小说家,日本撰写鲁迅传的第一人。
后排左起——
胡风:文艺理论家,曾留学日本,在这次访问中担任翻译。
许广平:鲁迅夫人。
池田幸子:鹿地夫人。
萧军:当时正在参与整理、编辑《鲁迅先生纪念集》。
萧红:刚从日本回国不久。
在小田岳夫的回忆中,她"身着中国妇女中罕见的西装。其容貌还未脱掉孩子气,显得天真"。
会见的当晚还有愉快的聚餐,"总共十二名,一起到一家四川餐馆"。除了照片上的七人,其余五人是:陪同胡风的梅志,陪同小田岳夫的"永松",放学归来的海婴,参加会见的黄源和许粤华。

1937年3月15日,由靳以主编、上海文季社发行、纯创作月刊《文丛》创刊号发表了萧红的组诗《沙粒》,这些写于日本"随时记下来的一些短句",本不打算让萧军看到,而"打算寄给河清(黄源)",不知为何又改了初衷;这等于是把她和萧军之间的感情纠葛公之于世。

1937年3月15日,由靳以主编、上海文季社发行、纯创作月刊《文丛》创刊号首发萧红的组诗《沙粒》34首。
《文丛》创刊号封面

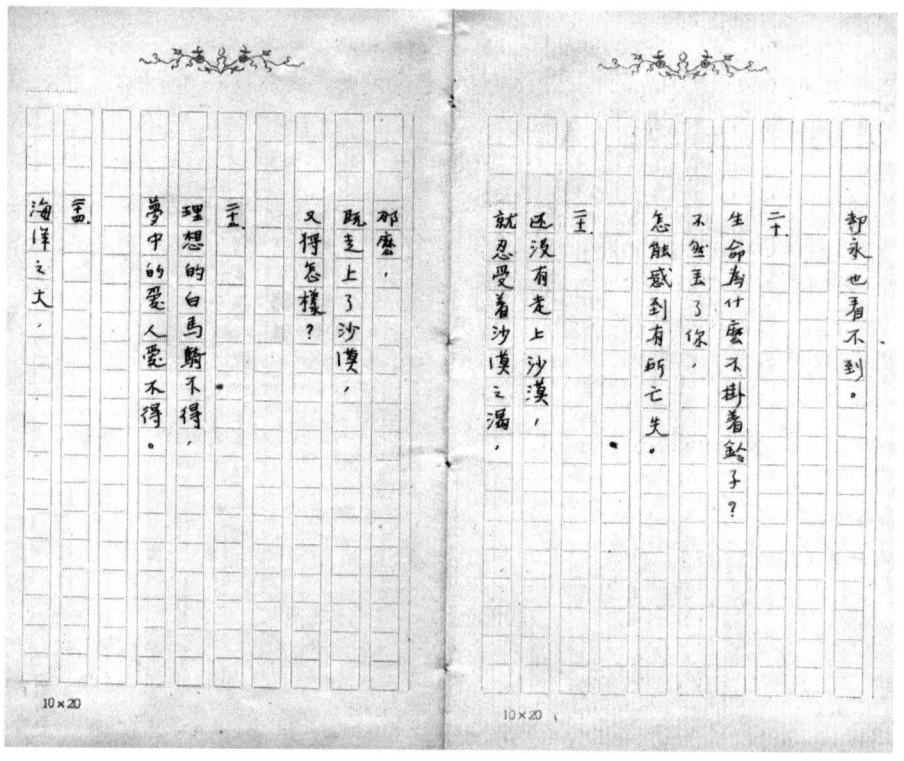

《沙粒》之二十二
理想的白马骑不得,梦中的爱人爱不得。

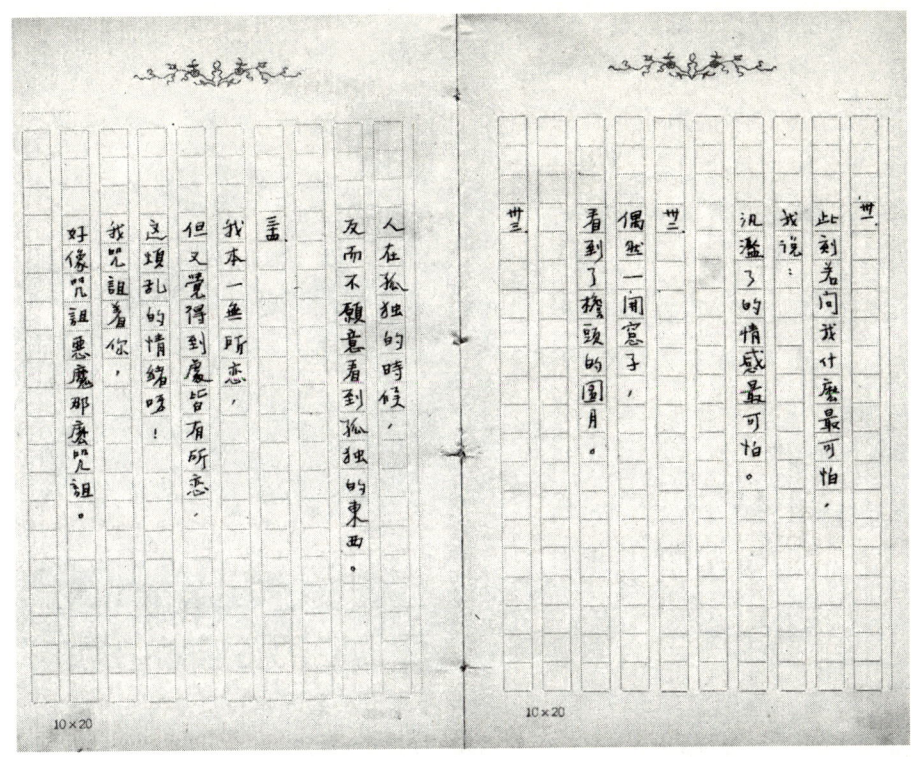

《沙粒》之三十四
我本一无所恋,但又觉得到处皆有所恋,这烦乱的情绪呀!我咒诅着你,好像咒诅恶魔那么咒诅。

实质上,两萧的关系确实没有多少改善,萧军(和黄源夫人)的"恋爱绯闻"是朋友圈子里公开的秘密,一直都在困扰着萧红,她起初是无法相信,然后是无法接受,终日处在这样复杂而微妙的关系中,更让她尴尬得无法面对。

争吵在所难免,有时会很激烈,弄得刚到上海不久的张秀珂非常不解;他问萧红为什么,萧红又痛苦得无法告诉弟弟,这样一来,秀珂反倒认为是姐姐敏感多疑;后来,直到1955年,病中的秀珂怀念姐姐:"直到十年后,我才知道他们那时闹意见,并不是完全怨萧红的。"(张秀珂:《回忆我的姐姐》,《黑龙江文史资料》第8辑,哈尔滨:黑龙江人民出版社,1983年)

"十年后",应该是1947年吧,那时,萧红长眠浅水湾已满五年,她什么都不能再和弟弟说了。

事情不仅伤害到萧红，也影响了另一方当事人：黄源夫妇几年后也宣告离异，对于这样的结局，萧军并非无动于衷。1941年4月，身在延安的萧军听到误传，说黄源已在"皖南事变"中遇难，心有感触，在日记中写道：

"听说黄源在乱军中死了！不知道是否真确。我对他是抱着终身歉疚的。"

（《萧军全集》第十八卷·日记P417，北京：华夏出版社，2007年）

在那种情况下，她试图去一个犹太人开的私立画院学画，因为那里可以寄宿，她想借此回避；

1937年春，上海万国公墓鲁迅先生墓地。左起：许广平、萧红、海婴、萧军。

去了之后仅仅三天，就被萧军和他的朋友找到，而画院老板也以她有丈夫且丈夫不同意为据不再收留，这使她备受伤害，只好跟着回来。

为了化解心中的苦闷，她再一次选择了逃避，她要暂时离开这个环境，离开这个环境里她不想见到的人和事，考虑再三，想到北平去小住一段，和萧军商量之后，萧军也同意了。

1937年4月23日夜间，萧军和秀珂把萧红送上北去的列车，在当晚的日记中，萧军表达了对萧红的思念和爱恋。

在送你归来的夜间，途中和珂还吃了一点排骨面。回来在日记册上我写了下面几句话：

"这是夜间的一时十分。

她走了！送她回来，我看着那空旷的床，我要哭，但是没有泪，我知道，世界上只有她才是真正爱我的人，但是她走了！……"

1937年春,上海万国公墓鲁迅先生墓地。
此次和他们一起拜墓的还有来自北国的亲友。
左起金人、袁时洁、萧红、张秀珂、萧军。
金人是哈尔滨时期的老朋友,从事俄国文学翻译,1937年4月到上海。
袁时洁,哈尔滨"牵牛房"的朋友。
张秀珂,萧红的胞弟。

1937年春,上海万国公墓鲁迅先生墓地。
左起:袁时洁、萧红、王蕴如(周建人夫人)、许广平、周建人次女、萧军、周建人长女周晔、金人、张秀珂,中间为海婴。

(1937年5月2日在上海的萧军致信在北京的萧红,萧军:《萧红书简辑存注释录》P135,哈尔滨:黑龙江人民出版社,1981年1月)

第二节 小住北平——心绪仍是乱绞

此番的北平之行,某种程度上还不及去日本,因为没有任何人在那里接应,完全是自己乱闯;好在她到过北平,好在那里并不是异国。

当时正值"西安事变"不久,一路之上兵车甚多,走走停停,弄得萧红"一切欲望好像都不怎样大,只觉得厌烦,厌烦"。

(1937年4月25日萧红致萧军,萧军:《萧红书简辑存注释录》P108,哈尔滨:黑龙江人民出版社,1981年1月)

到了北平自己住下后,几番出去寻找都没找到想要找的人,于是,心情更加不好:

北平的尘土几乎是把我的眼睛迷住,使我真是恼丧,那种破落的滋味立刻浮上心头。

(1937年4月25日萧红致萧军,萧军:《萧红书简辑存注释录》P108,哈尔滨:黑龙江人民出版社,1981年1月)

后来跑到一个当年的东北老乡李镜之做事的学校"汇文中学"去,居然是七年来一直都在那里,而且家就在学校附近;通过这个老乡,她又找到了最好的老朋友李洁吾,这让她又惊又喜。洁吾此时已经成家,且有了一个女儿,他们重逢的喜悦溢于言表,兴奋的牵手和拥抱都被李妻有所误解。送走了李镜之和萧红,洁吾即受到妻子的盘问。

在后来与洁吾夫妇的交谈中,知道他们彼此之间各有痛苦;这真是具有反讽意义的事情,这个本来为躲避痛苦故地重游的客人,反倒暂时扮演起一个和事老的角色:"我真奇怪,谁家都是这样,这真是发疯的社会。可笑的是我竟成了老大哥一样给他们说着道理。"

(1937年4月27日萧红致萧军,萧军:《萧红书简辑存注释录》P112,哈尔

滨:黑龙江人民出版社,1981年1月)

面对这样沉闷的家庭,萧红也不能长时间地待在那里,她直面自己的落寞心情,在信里告知萧军:

"到今天已是一个礼拜了,还是安不下心来,人这动物,真不是好动物。"

"我一定应该工作的,工作起来,就一切充实了。"

(1937年4月27日萧红致萧军,萧军:《萧红书简辑存注释录》P112,哈尔滨:黑龙江人民出版社,1981年1月)

萧军在回信中也鼓励她:

"既然有洁吾,他总会帮助你一切的,这使我更安心些。好好安心创作罢,不要焦急。"

事实上,萧红此次的北平之旅,几乎没做什么与工作有关的事,真正是纯粹意义上的散心和访旧旅行,一则合适的住处定不下来,再则就是心情不好,根本不可能静下来写作。在这样的情况下,所谓"工作",已是奢望。短暂的旅行,没有留下什么可称之为作品的东西,但这期间有几封往返的信件是不可忽略的。他们都在努力设想解决问题的办法,相互的牵挂与关心都还在。萧军那几封信也击中了萧红,这使她每每伤怀,收信就流着泪读,回信就流着泪写。

两萧从结合到分手,中间只有两次离别:一次是日本,一次是北平。

在离别期间,他们频繁地通信,那些往来的信件也可视为他们创作的一部分,其中尤以写于北平的信件为最重要。

从日本寄回的信多是在汇报行踪、说说见闻和工作进度什么的,比较客观;北平的信则与之不同,颇多的心理活动蕴涵其中,主观成分占有一定的比例,那里面有着更多的"痛"与"忧",那种深刻,那份重量,读罢之后那种触目惊心的感觉,都是东瀛信简不曾具备的;这些信件,也让我们更为立体地感知了萧红。

例如,1937年5月4日致萧军信:

"我虽写信并不写什么痛苦的字眼,说话也尽是欢乐的话语,但我的心就像被浸在毒汁里那么黑暗,浸得久了,或者我的心会被淹死的,我知道这是不对,我时时在批判着自己,但这是感情,我批判不了,我知道炎暑是并不长久的,过了炎暑大概就可以来了秋凉。但明明是知道,明明又做不到。正在口渴的那一刹,觉得口渴那个真理,就是世界上顶高的真理。"

痛苦的人生啊!服毒的人生啊!

这回的心情还不比去日本的心情,什么能救了我呀!上帝!什么能救了我呀!我一定要用那只曾经把我建设起来的那只手把自己来打碎吗?

(萧军:《萧红书简辑存注释录》P116,哈尔滨:黑龙江人民出版社,1981年1月)

5月9日:

我今天接到你的信就跑回来写信的,但没有寄,心情不好,我想你读了也不好,因为我是哭着写的,接你两封信,哭了两回。

……

六号那天也是写了一信,也是没寄。你的饮食我想还是照旧,饼干买了没有?多吃点水果。

……

我已经是离开上海半月多了,心绪仍是乱绞,我想我这是走的败路。但我不愿意多说。

(萧军:《萧红书简辑存注释录》P121,哈尔滨:黑龙江人民出版社,1981年1月)

5月11日:

今晨写了一信,又未寄。

(萧军:《萧红书简辑存注释录》P123,哈尔滨:黑龙江人民出版社,1981年1月)

这几封"没有寄"、"也是没寄"、"又未寄"的信,势必有着令人不忍卒读的内容,可惜我们无缘知晓了。

而当时远在上海的萧军,也有推心置腹的表现,这同样是通过信件来传递的。

我不想在这里说我的道理,那样你又要说我不了解你,教训你,你是自尊心很强烈的人。你又该说你的痛苦,全是我的赠与……现在反来教训你……但是我的痛苦,我又怎来解释呢?我只好说这是我"自作自受",自家酿酒自家吃……我不想再推究这些原因。

前信我曾说过,你是这世界上真正认识我和真正爱我的人!也正为了这样,也是我自己痛苦的源泉。也是你的痛苦的源泉。可是我们不能够允许痛苦永久啮咬着我们,所以要寻求,试验……各种解决的法子。就在这寻求和解决的途程中那是需要高度的忍耐,才能够获得一个补救的结果。否则,那一切全得破灭!你也许会说破灭倒比忍受强些,不过我是不这样想的,凡事总应该寻求一个解决的办法,这才是人的责任,所谓理性的动物。否则闭起眼睛想要不看一切,逃避一切……结果是被一切所征服,而把自己毁灭了。凡事不能用诗人的浪漫的感情来处理,这是一种低能的、软弱的表现!自尊心强烈的人是不这样的。

(1937年5月8日在上海的萧军致信在北京的萧红,萧军:《萧红书简辑存注释录》P143,哈尔滨:黑龙江人民出版社,1981年1月)

这样连开导加规劝却独独缺少歉意的信,很难说服萧红,但这种敞开心扉的交流,也还是多少抚平了一些她心中的块垒。

此次在北平,除了见到李洁吾、李镜之,萧红还与出狱后的老朋友舒群异地重逢。在舒群的陪同下,萧红有时去看"好莱坞"的影片,有时去听"富连成"的京戏,还去东安市场、王府井大街逛逛……5月12日,他们外出看戏时间晚了,舒群寄宿的公寓已经关门,只好到萧红的住处借宿,住在了房间的地板上;第二天,他们一起去了长城。

长城之行,萧红深感震撼;两天后她在致萧军的信里谈到了自己的感受:

真伟大,那些山比海洋更能震惊人的灵魂。到日暮的时候起了大风,那风声好像海声一样,《吊古战场》文上所说:风悲日曛。群山纠纷。这就正是这种情况。

(萧军:《萧红书简辑存注释录》P125,哈尔滨:黑龙江人民出版社,1981年1月)

舒群终其一生都对萧红有着一份特别的怜惜和牵挂,从东兴顺旅馆的援救,到资助《跋涉》的出版;从海滨青岛的接应,到北平的陪伴,包括后来在武汉因为去不去延安的通宵争吵;及至萧红逝世后,在延安筹办纪念活动,舒群也是最积极主动的人……因此,在北平分手的时候,为了答谢舒群的帮助,也为了纪念他们的友谊,萧红把《生死场》的手稿送给了舒群;那上面有鲁迅先生修改的笔迹,因而是萧红最珍贵的财产。

舒群在晚年曾经回忆:

这部原稿有很珍贵的文学史料价值。我看过萧红那份原稿后,十分真切地感受到鲁迅对青年的爱护。那情谊太深厚,那份耐心也是少见的。《生死场》几乎每页都有鲁迅亲笔修改,蝇头小楷,用朱砂圈点,空当处写不下时,就划一道引到额上去添加,就是那一道,都划得笔直,字迹更是工整有体。当时我想,就凭鲁迅为青年改稿的细致耐心,他就是不朽的。(张凤珠:《振翅的鹰——舒群二三事》)

可惜的是,这份宝贵的手稿在后来的流离和动荡中丢失了。

由于萧军一时无法脱身到北平来,又不放心萧红的情绪,就写信让萧红回上海:

昨晚吟有信来,语多哀怨,我即刻去信,要她回来。(萧军日记,1937年5月13日,《萧军全集》第十八卷·日记P13,北京:华夏出版社,2007年)

于是,她在5月中旬回到上海。

这次在北平只待了二十多天,从此再没来过。

第三节　沪战爆发

1937年5月,短篇小说集《牛车上》作为巴金主编的《文学丛刊》第五集第5册,由上海文化生活出版社初版,作者署名萧红。这是她在日本期间所写或发表作品的结集,也是被收入《文学丛刊》的第三本书,她在文坛的影响越来越大。

《牛车上》的五篇作品均已在有关刊物上发表过:

《牛车上》、《家族以外的人》、《红的果园》、《孤独的生活》、《王四的故事》。

从北平回到上海后,也许两人都有改善的愿望,他们的关系,看上去多少有所改善。

吟回来了,我们将要开始了一个新生活。

(萧军日记,1937年5月22日,《萧军全集》第十八卷·日记P14,北京:华夏出版社,2007年)

思而后做,多是不悔的。
做而后思,多是后悔的。
所谓要三思。我们常是犯第二种毛病,吟却不。
我现在要和吟走着这一段路,我们不能分别。

(萧军日记,1937年6月2日,《萧军全

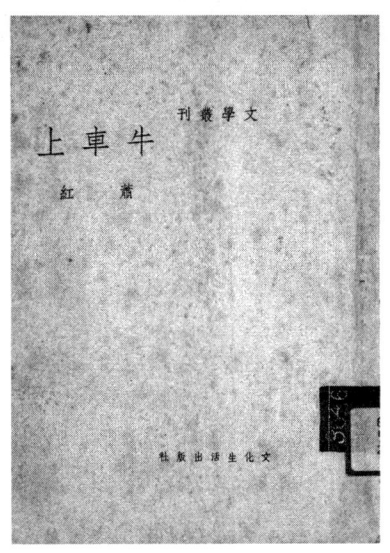

1937年5月,短篇小说集《牛车上》作为巴金主编的《文学丛刊》第五集第5册,由上海文化生活出版社初版。

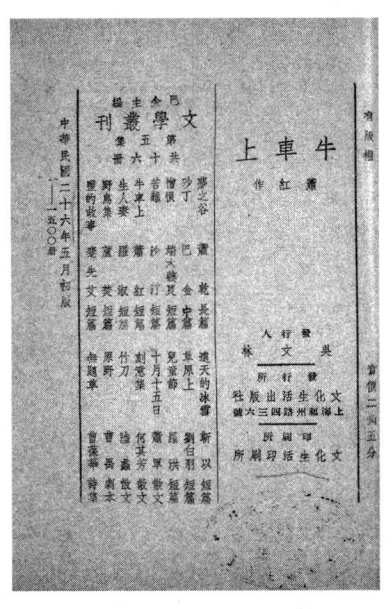

初版《牛车上》版权页初印1500册

集》第十八卷·日记P16,北京:华夏出版社,2007年)

但从后边的部分日记中不难看出,他们的关系已从表面的争吵打闹,转入冷战阶段了,这种冷战状态一直持续到他们因抗战爆发离开上海。看来,那些感情上的弯,并不是轻易就能转过来的。

而且,"决心分开"的想法也渐趋渐浓了!

我和吟的爱情如今是建筑在工作关系上了。她是秀明的,而不是伟大的,无论人或文。

我应该尽可能使她按照她的长处长成,尽可能消灭她的缺点。

(萧军日记,1937年6月13日,《萧军全集》第十八卷·日记P20,北京:华夏出版社,2007年)

我是每天在复杂着自己了,吟我们也是每天在疏离着了。

(萧军日记,1937年6月16日,《萧军全集》第十八卷·日记P21,北京:华夏出版社,2007年)

《十月十五日》出版了,自己把每篇文章又重读了一遍,觉得自己运用文字的能力确是有了进步,无论文法或字句,全没有什么疵。文章内容也全很结实。可是吟说她对这本书全不喜欢。我想这是她以为她的散文写得比我好些,而我的小说比她好些,所以她觉得我的散文不如她。这是自尊,也是自卑的心结吧。

她近来说话常喜欢歪曲,拥护自己,或是故意拂乱论点,这是表现她无能力应付一场有条理的论争。我应该明白她的短处(女人共通的短处——躁急,反复,歪曲,狭小,拥护自己……)和长处,鼓励她的长处,删除她的短处,有时要听取她,有时也不可全听取她。只是用她作为一种参考而已(过去我常要陷于极端的错误)当你确实认清了一个人的时候,你会觉得过去有的地方实在愚蠢好笑。

(萧军日记,1937年6月25日,《萧军全集》第十八卷·日记P24,北京:华夏出版社,2007年)

第七章 重返上海

和吟又吵架了,这次决心分开了。

女人的感情领域是狭小的,更是在吃醋的时候,那是什么也没有了,男人有时还可以爱他的敌人,女人却不能。

(萧军日记,1937年6月30日,《萧军全集》第十八卷·日记P25,北京:华夏出版社,2007年)

少和吟争吵,她如今很少能不带着醋味说话了,为了吃醋,她可以毁灭了一切的同情!

每个女人的心里全有一个爱情的窠巢,每对爱人中间,全有一个罅隙等待着爱情的鸟儿穿过和投去……

(萧军日记,1937年7月24日,《萧军全集》第十八卷·日记P29,北京:华夏出版社,2007年)

她,吟会为了嫉妒,自己的痛苦,捐弃了一切的同情(对X是一例),从此我对于她的公正和感情有了较确的估价了。原先我总以为她会超过于普通女人那样范围,于今我知道了自己的估计是错误的,她不独有着其他女人一般的性格,有时还甚些。总之,我们这是在为工作生活着了。

(萧军日记,1937年8月4日,《萧军全集》第十八卷·日记P30,北京:华夏出版社,2007年)

对于吟在可能范围内极力帮助她获得一点成功,关于她一切不能改造的性格一任她存在,待她脱离自己时为止。

(萧军日记,1937年8月21日,《萧军全集》第十八卷P34,北京:华夏出版社,2006年)

萧军日记1937,8,23(全文)

我此后也许不再需要女人们的爱情,爱情这东西是不存在的。

吟,也是如此,她乐意存在这里就存在,乐意走就走。

我并不是万念俱灰,
只是对于女人
我不怨恨,
但我也不再对她们起着
儿年时候的崇敬!
她们离开我,
我也要生活,
像一条无牵挂的鱼似的
可以自由地游来游去。
再遇呢,就遇到,
也不必讲永久的缠绵,
别后的情意,
还是各自过去罢,
去寻找自己永久的安栖!

我知道,
别人对我,
没有怜惜,没有爱,没有尊敬……
只是一具斧头似的,
他需要我,
便将我称颂一气。
所以一切荣名和称赞誉,
那是还不如一掐有价值的尘灰!
此后,
我自己要做的便去做,
不要做的,
就是它底意义和价值高上天,
也不能违背了自己的主意。
对于宇宙我要探索,
对于艺术我要求精,

对于人生我要观察，
也要游泳每个队伍里面。
对于曾所信任的政治，
应该不再做奴隶似的号手，
我要做个监察者了。
不应再惜它们甘愿的短处和不求救治的病根。
我不能因了人世的荣名和优待，
便出卖了真理。
真理一层层地是包裹在皮叶里的笋心。

（《萧军全集》第十八卷·日记P35，北京：华夏出版社，2007年）

尽管冷战，尽管"每天在疏离着"，他们还是共同参加了一些活动。

哈尔滨故友金剑啸在齐齐哈尔被杀害的消息传来，他们深感震惊和悲痛。为了纪念这位富有艺术才华的朋友，在他就义一周年的时候，由白朗、金人主编出版了剑啸遗著《兴安岭的风雪》，这是剑啸生前留下的表现东北抗联事迹的叙事长诗。在这个小册子的后面，剑啸的朋友们，流亡在沪的东北作家们纷纷撰文，痛悼剑啸；悼念的

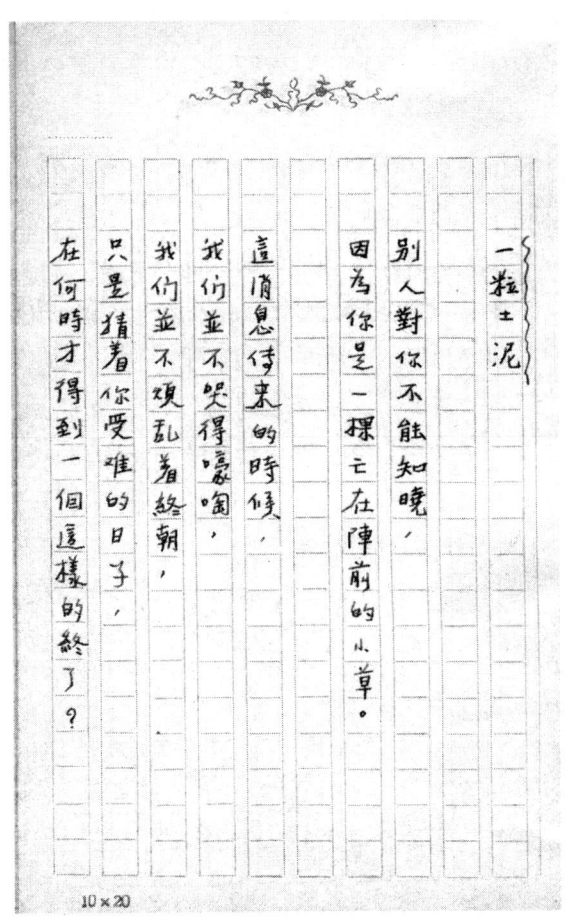

为悼念金剑啸而写的《一粒土泥》手稿，写作日期为1937年6月20日。

诗文收录在这个小册子的附录中，萧红写的是情真意切的长诗《一粒土泥》。

关于《兴安岭的风雪》单行本，业内一向有着不同的说法：

有的说是白朗、金人主编，1937年8月上海生活书店出版的《兴安岭的风雪》(纪念金剑啸烈士专号)的附录部分，收录的萧军、萧红、罗烽、白朗、舒群等人的纪念诗文。

(叶君：《从异乡到异乡——萧红传》P252，北京：中国社会科学出版社，2009年3月)

还有的说是作为"夜哨丛书"之一，1937年8月1日由上海"夜哨丛书"出版社出版的《兴安岭的风雪》。

(季红真：《萧红传》P282，北京：十月文艺出版社，2000年9月)

另据萧军的女儿萧耘女士介绍，说那是一本很薄的小册子，开本不大，犹如一本口袋书；当它印行出来的时候，淞沪抗战已经爆发，人们纷纷离散，因此几乎没有什么人见到或顾得上它了。

所以，迟至今天，对于这本小册子，我们始终无缘得见真容。

新近出版的一本书中，也透露了几许与此有关的信息：

1937年4月初，爸爸在上海迎来了哈尔滨的老朋友金人，他带来了金剑啸英勇就义的消息。在沪的朋友无比悲愤，为了告慰九泉之下的英灵、更为了继承烈士的遗志，他们着手出版金剑啸的长诗《兴安岭的风雪》。在爸爸的倡议下，联合在沪的东北作家萧军、萧红、舒群、白朗、金人、杨朔、林珏等集资(个人稿费的一部分)与自愿捐助，出版了64开本的《夜哨》文艺小丛书，由上海科学图书公司发行。白朗、金人担任义务主编，罗烽则帮助跑印刷所和负责校对等杂务，书是在静安寺路哈同花园对面的中华书局印刷所印制的。五月，小丛书陆续问世，有舒群的小说《松花江的支流》、金剑啸的长诗《兴安岭的风雪》和金人翻译的苏联绥拉菲莫维兹的短篇小说集。丛书出版后，林珏在霞飞路摆摊销售，很受读者欢迎。计划出版的还有周扬的一篇文艺理论文章和胡风翻译的罗森达尔的《社会主义的现实主义》等。可是，未及交稿，七七事变发生了。

(金玉良：《落英无声——忆父亲母亲罗烽、白朗》P171，北京：文化艺术

出版社,2009年9月)

　　1937年7月7日夜,北平西郊宛平县卢沟桥一带忽传枪声,日军借口演习中一军曹失踪,要入宛平县城搜索,遭到县长王冷斋拒绝,日军遂发动全线进攻,我卢沟桥守军吉星文团当即奋起迎战……

　　7月8日晨5:30分,就在日军进攻宛平时,一木清真率第三大队主力,分四路向回龙庙及铁路桥的中国守军扑来,声称要在中国驻军阵地搜寻"失踪士兵"。全面侵华的罪恶战争,就这样赤裸裸地卸下了遮羞布。

　　(日军)大规模的增兵,数量和速度都超过了"九一八"事变。7月11日,十列分载各种部队、战车、弹药等的火车,由山海关隆隆西进。沿途每一棵树,每一株草,都在星月下战栗。

　　(7月)17日,蒋介石就卢沟桥事件在庐山发表讲话,申明中国政府的严正立场,表示决不允许把北平变成第二个沈阳,如争端不能和平解决,便"只有牺牲与抵抗"。蒋的讲话受到全国人民的欢迎。

　　王冷斋和吉星文团长以蒋介石所倡"地无分南北,年无分老幼,无论何

1937年6月20日,两萧在上海吕班路(今重庆南路)256弄7号公寓门前。这也许是他们在上海最后的留影。萧军在照片背面写着"1937年夏,6.20"。此照片由孔罗荪、周玉屏夫妇和子女保存了60多年,虽然有些残损,但仍弥足珍贵。站立者头部上端墙上镶着的门牌号"7号",告示后人。

人,皆有守土抗战之责任","如果放弃尺寸土地与主权,便是中华民族的千古罪人"共勉,砥砺誓死抗日之决心。

(钟兆云:《宛平县长王冷斋的卢沟桥往事》,《报告文学》2005年第七期)

看似偶然事件引起的"七七事变",拉开了史上最惨烈的八年抗战的序幕。

至此,"平津危机!华北危机!中华民族危机!"

1937年7月17日下午,1937年,上海公园。

在静安路大厦召开了"鲁迅先生纪念委员会成立大会",决定在10月19日先生的周年祭之前编辑出版《鲁迅先生纪念集》和《鲁迅先生纪念册》,萧红积极参与资料的收集、整理、编纂工作,具体负责鲁迅先生丧仪新闻报道的剪辑及编辑订正,因为先生逝世时她不在,周年忌日来临之际这项工作让她格外投入。她把心中无限的哀思和敬意,倾注在琐碎繁复的工作中。

北平的朋友李洁吾在19日致信萧红,通报卢沟桥事变后他们的处境:

我这些天生活很沉闷,天天日间睡午觉,夜间听炮声,在思量着,一旦战争爆发了,应当取怎样的行动……

这封来信,被萧红加了前言,发表在8月5日《中流》第二卷第十期上。

7月30日,顽强抵抗了24天的宛平城、卢沟桥,因孤立无援终于奉命放

第七章　重返上海　133

弃；当日,天津也继北平之后沦陷。

紧接着,8月13日上午,日军炮轰闸北,进攻上海,淞沪抗战爆发;第二天,萧红就写下了散文《天空的点缀》,记述"从昨夜就开始的这战争":

在我的窗外,飞着,飞着,飞去又飞来了的,飞得那么高,好像一分钟那飞机也没离开我的窗口。因为灰色的云层的掠过,真切了,朦胧了,消失了,又出现了,一个来了,一个又来了。看着这些东西,实在的我的胸口有些疼痛。

战争的爆发,更加激起了他们对故乡的思念之情,8月23日,萧红在散文《失眠之夜》中,把她和朋友们心里的思乡情结好一个抒发,仿佛他们离重返故土的日子已经不远了（以上两篇文章均登载于1937年10月16日在武汉复刊的《七月》第一卷第一期）;8月17日和10月22日,又分别写下反映上海民众抗战情绪的《窗边》和《小战士和生命》。

中日交战,难坏了鹿地亘、池田幸子夫妇,他们夹在两国之间,处境非常危险,没有人敢收留他们或接近他们;因为鹿地是日本左翼青年作家,流浪到上海后,经内山完造先生介绍结识鲁迅,又经鲁迅先生介绍和两萧相识并结下友谊,所以在那前后,萧红冒着极大的风险掩护他们,给了他们最急需的帮助。这就是许广平先生所赞的"在患难生死临头之际,萧红先生是置之度外的为朋友奔走,超乎利害之外的正义感弥漫在她的心头,在这里我们看到了她却并不软弱,而益见其坚忍不拔,是发扬中国固有道德,为朋友解难的弥足珍贵的精神"。(许广平:《忆萧红》,《大公报》1945年11月28日)

由于开战的缘故,上海的许多刊物都无法操作,被迫停刊;而应时的抗战报刊纷纷诞生,茅盾、巴金、郑振铎、黎烈文和王统照等把当时最具影响力的杂志《文学》、《文丛》、《中流》和《译文》等刊物合并,创办《呐喊》周刊,后又改名为《烽火》;此时的胡风也有办刊物的想法,8月底,他召集两萧、曹白、彭柏山、艾青等人具体商议,正是在这样一个小型聚会上,两萧同时结识了另一位东北作家端木蕻良。

胡风提议刊物的名称就叫《抗战文艺》,但萧红坦率地表示异议:"这个名字太一般了,现在正是'七七事变',为什么不叫《七月》呢？用'七月'做抗战文艺活动的开始多好啊！"（钟耀群：《端木与萧红》P4,北京：中国文联出版公司，1998年1月）大家一听，纷纷认可，于是，《七月》的刊名就正式定了下来；刊名"七月"两个字系采集于鲁迅先生的手迹，它的主编是胡风，大家义务投稿，暂无报酬。

1937年9月11日，《七月》正式创刊，最初为周刊，但维持了三期之后，战局吃紧，"商业联系和邮路受到阻碍，上海刊物很难发到外地去，作者又纷纷离开上海，我决定把《七月》移到武汉去出版"。（胡风：《回忆参加左联前后》，《新文学史料》1985年第一期）刊物不得不停办，上海眼看要沦为孤岛，文化人都在考虑何去何从。当时的情况下，大体有以下几种选择：

一是留在"孤岛"（租界）；

一是撤离到大后方；

还有部分去往延安或参加新四军。

胡风要去武汉继续办《七月》，他也邀请两萧等人前去，两萧因此也选择了武汉，当时，那里还是大后方。

第四节　告别上海

1937年9月29日，两萧打点行装后，把一些重要的东西托付给许广平先生，因为许先生为鲁迅遗物不会离开上海；然后，他们从梵皇渡车站永远地告别了上海。

当时留在许先生处的有关物品，是萧红留在这个世界上数量最多的物品，也是最重要的物品。它们包括少量的衣物、几本影集、几样随身用品、书刊等，其中最重要的，是那本手抄的《自集诗稿》，里面近半数作品生前不曾公开发表；直到1980年，才在《中国现代文学研究丛刊》第三辑上悉数问世。

这些东西被许先生历尽艰辛地保存了下来；1956年3月21日，连同大批的鲁迅遗物，一起捐赠给了即将建成的北京鲁迅博物馆，才使得多年之后的读者得以亲见作家的手泽等遗物。

从这个意义上来说，我们所有喜爱萧红的读者，都应叩谢许广平先生……

第七章 重返上海 135

萧红手抄的《自集诗稿》封面，这是从日本带回的一个本子。

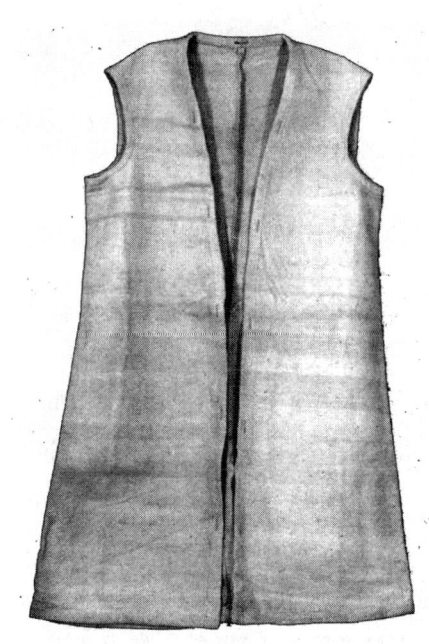

萧红穿过的衣物，现藏北京鲁迅博物馆。

上海，是萧红离开哈尔滨后居住时间最长的城市，从1934年11月到1937年10月，其间东京半年，在上海居住时间是两年半；若不是"八一三"的烽烟，她在上海居住的时间当会更长。这里是她一生最重要的驿站，对她最具意义和价值的城市，旅居上海期间，出版了大批的作品，形成了她创作的喷发期。

长篇小说《生死场》在这里得以出版，为她在现代文坛的立足奠基；《商市街》和《桥》的结集出版，使读者和评论界讶异于她作为优秀散文家的创作潜质；《沙粒》、《拜墓》和《一粒土泥》，让我们窥见作者内心晶莹的诗魂；《女子装饰的心理》等文，初步蕴涵了她对女性问题的深度思考。

上海时期的萧红，因为得遇鲁迅先生，因为有了鲁迅先生的关爱和加持，经过生活的磨砺和自己的勤奋，已经成熟为一个知名作家。这是上海这座城市给予她的最宝贵的馈赠。

第八章　江城武汉　战时首都

第一节　萋萋芳草　历历晴川

1937年9月28日,萧红、萧军同部分文艺工作者一道撤离上海,从上海西站(当时叫梵皇渡车站)上车,沿沪杭线到嘉兴,从嘉兴再到南京,在那里等候几天之后,才挤上了一艘拥挤不堪的破旧客轮。10月10日抵达汉口。

当时,国民政府和国民党中央党部已从南京迁至武汉,加上"九省通衢"的重要地理位置,这里已成为全国政治、军事和文化中心;更由于各大机构和大批难民的不断涌入,使得武汉三镇的住房局势骤然紧张。

在两萧所乘客轮即将驶入江汉关等待例行检疫时,他们意外地遇到了东北时期的老朋友于浣非,他当时恰是检疫船上的检疫官;因了于浣非的关系,他们又认识了常在检疫船上过夜的诗人蒋锡金。锡金住在武昌,常常因为有事误了末班轮渡,无法过江回家,而旅馆又贵又不安全,所以就时常借宿在检疫船"华佗号"上;这样,刚到武汉心中茫然的两萧,得以入住蒋锡金所租的寓所:武昌水陆前街小金龙巷21号。

锡金和他们虽不相识,但对他们的名字和作品还是有所耳闻,听了于浣非的介绍和请求,就把卧室让给了两萧,而自己住进了书房。

小金龙巷是一条僻静的小巷,距繁华的解放路不远,这条小巷由平房构成,非常具有武汉的特点。两萧所住的21号,是两间青砖瓦房,带一个小院子,院中有棵梧桐树。他们和锡金很快就成了朋友,相处融洽,锡金不收房租,他一般早出晚归,若在家时就和两萧一起吃萧红做的饭,萧红洗衣服时就顺便把他的衣服也洗了。

锡金多数时间都不在家,两萧就各占一间房,在各自的书桌写作。

他们有时也和朋友一起外出,览江城形胜,看大江东去。眺望汉阳树,寻

第八章　江城武汉　战时首都

1937年秋,武汉东湖,左起:萧军、锡金、萧红、罗烽。

1937年秋,武昌洪山宝塔下,左起:萧红、萧军、罗烽。

今日洪山,宝塔依然。

访鹦鹉洲;"在武昌,我们常去蛇山散步,或者站在黄鹤楼附近看长江落日"。

(梅林:《忆萧红》,见《怀念萧红》P67,哈尔滨:黑龙江人民出版社,1981年2月)

东湖一带,也留下了他们青春的足迹。

第二节 《七月》复刊前后

在两萧到达武汉之前,胡风已经先期到达。

胡风到武汉后最想做的一件事就是要复刊《七月》。他最初住在汉口的熊子民先生家,几天后搬到武昌小朝街42号金宗武先生家,此处距小金龙巷不远,所以,胡风和已经到汉的两萧、聂绀弩、罗烽、白朗等人得以常在小金龙巷相聚,商议有关事宜。

《七月》复刊前后,胡风和萧军分别给端木蕻良写信,催促他快些到武汉来;当时端木从上海去了浙江上虞,在三哥家疗养复发的风湿病。接到信后就待不住了,很快就抵达武汉;端木蕻良在武汉有亲戚且条件很好,但他为了和这些有共同爱好的朋友在一起而不去投亲,下车后直奔水陆前街小金龙巷,21号从此变得更加热闹。

《七月》复刊,正值鲁迅先生病逝周年,所以复刊后的首期《七月》是鲁迅先生纪念专辑,这本由周刊改为半月刊的同人杂志,于1937年10月16日在武汉出版了第一期;因为草创,一切匆忙,主编胡风采取的方法是:"把在上海出的周刊上发表的文章选出一些,再加上新写的,编成了第一期。"(胡风:《在武汉——抗战回忆录之一》,《新文学史料》1985年第2期)因为此故,仅萧红一人就有三篇文章刊出:《在东京》——此文后来收入《萧红散文》,改名为《鲁迅先生(二)》、《天空的点缀》和《失眠之夜》。

几乎与此同时,10月18日,萧红所写另一篇纪念鲁迅的散文《万年青》,也被见于武汉《战斗旬刊》第一卷第4期《鲁迅先生周年祭特辑》,这是孔罗荪和锡金、冯乃超等所办的刊物,此文后来收入《萧红散文》时,改题名为《鲁迅先生记(一)》。

萧红与《七月》的缘分也从此注定,在不长的时间里,她先后在《七月》上发表作品10篇,并两次参加了胡风召集的《七月》座谈会。

因为主编《七月》,也成就了诗人胡风一生最辉煌的编辑生涯。《七月》在抗战的烽火中应运而生,在抗战的艰难岁月里蹒跚起步,在抗战的血雨腥风里成长壮大。《七月》的生存条件十分恶劣:有炮火和轰炸的威胁,有当局压迫和审查,更有经济上的捉襟见肘,真可谓筚路蓝缕;尽管这样,他的呕心沥血,还是在《七月》周围很快聚集起一大批烽火中出现的新人,从《七月》走出的一批作家、诗人及文艺理论家,在现代文学史上形成了卓有成就的"七月"流派。

1937年10月16日,在武汉复刊后的第一期《七月》,纪念专号封面。萧红所写另一篇纪念鲁迅的散文《万年青》,也被见于武汉《战斗旬刊》第一卷第4期《鲁迅先生周年祭特辑》,此文后来收入《萧红散文》时,改题名为《鲁迅先生记(一)》。

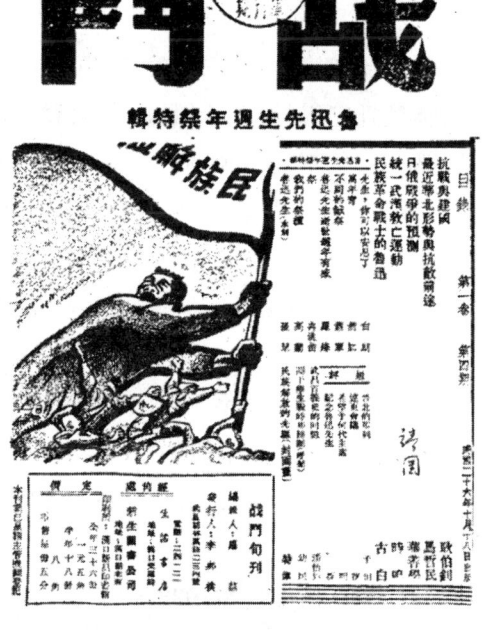

1937年10月18日,武汉《战斗旬刊》1卷4期"鲁迅先生周年纪念特刊"。

正因如此，胡风与许多作者成为"同道"，在后来，这些"同道"亦因此故与胡风一起被绑定在同一驾刑车上，共同经受漫长的苦难历程之煎熬。胡风与他的那些为数众多的"同道"的悲惨命运，为历史存档，为民族写真，他们对理想的执著追求和矢志不移，他们为此而遭遇的耻与痛，不应因岁月流逝而被淡忘。

当时胡风主编的《七月》，不仅发表文艺作品，还有一项带有创意性的新举措，就是不定期举行文艺座谈会，让大家就生活和创作的所有问题，各抒己见，自由发言。关于这样做的初衷，胡风后来曾回忆："约集几个愿意谈谈感想的人谈谈。不设具体的理论项目，自由地交换意见，促进对问题的关心，互相吸取经验，正确地对待具体生活问题和创作实践问题，认真地正视生活和读者的要求，检查自己，希望把工作做得更好一点。不作结论，就是留给作者和读者主动地对待问题。"（胡风：《在武汉——抗战回忆录之二》，《新文学史料》1985年第三期）正是在这种宽松活泼的氛围中，萧红前后两次参加了《七月》杂志社的文艺座谈会。

1938年1月中旬，《七月》召开第一次座谈会，题为"抗战以来的文艺活动动态和展望"，大家积极发言，气氛热烈。萧红的发言更是与众不同，显示了她对创作深刻的思考。她既不同意有的作家所持的只有到前线才有好作品的说法，也不同意说留在后方就是和生活隔离："我看，我们并没有和生活隔离。比如说躲警报，这也就是战时生活，不过我们抓不到罢了。即使我们上前线去，被日本兵打死了，如果抓不住，也就写不出来。""比如我们房东的姨娘，听见警报响就骇得打抖，担心她的儿子，这不就是战时的生活吗？"

此番发言表达了她在创作上的一贯主张，即作者生活在其中的环境里的一切都可以成为他的创作来源。

胡风把这次座谈会的内容登在了1938年1月16日第七期《七月》上。

在这前后，大约在1938年1月8—10日，两萧和端木蕻良、江丰、田间、艾青、李又然等参与了武汉木刻展览的有关筹备工作，是由胡风的朋友金宗武所供职的湖北通志馆所提供的场地。据胡风说："这是抗战期间在国统区开

的第一次全国性的木刻展览会。"(胡风:《在武汉——抗战回忆录之二》,《新文学史料》1985年第三期)

第三节 紫阳湖畔三人行

端木蕻良赶到武汉后,为了方便《七月》的活动,再是想和这些志趣相近的朋友多来往,故谢绝了亲戚家邀请的好意和优越的条件,就在小金龙巷和两萧、锡金一起生活,而锡金一般不在家,其他人不来的时候,平时多是只有他们三人。都是来自东北的文学青年,最初的相处也还和睦融洽。

但就写作和评价作品来说,端木对萧红作品的认可和赞许大大超过萧军。所以在讨论问题和争论观点时,端木和萧红反倒常常一致。如果是端木蕻良和萧军争论,萧红就会声援端木蕻良;如果争吵发生在两萧之间,那端木蕻良"就以义士自居来卫护她",而萧军往往自有不能改变的"宏论",雄辩滔滔,气势夺人,对另外两人的观点简直不屑一顾,从心里并没有很看得起他们。当时的许多朋友对他们的这种争论格局,都有着相当深刻的印象。

即使在不久就搬离了小金龙巷之后,两萧也不时地来看端木,有时是他们同来,有时则是萧红自己来,来时就帮端木收拾一下凌乱的房间,然后出去找一家小饭馆共进晚餐,边吃边谈各自的创作理想什么的。他们谈论的话题越来越多,他们发现他们对很多问题都有相似或相近的看法。

起初并没有什么,但不知从什么时候起,也不知为了什么,情况似乎慢慢有了微妙的变化。

对作品的认可更是对人的认可,而况又来得那么直接和毫不吝啬,这是萧红此前不曾得遇过的尊重和欣赏,对她后来的生活产生了极大影响;再者,两萧感情上的裂痕仅是被战乱和逃难暂时遮掩,实质上并没有多少消弭。

而此时的萧红,内心深处的女性意识已越发清醒甚至加强,对这个男权社会无处不在的性别歧视认识也逐步深刻,反映在创作上,最明显的标志,就是书评《〈大地的女儿〉与〈动乱时代〉》和散文《无题》,那里所呈现出的有关女性的深层思考,已经超过此前所写的《女子装饰的心理》等文。

就在萧红整天忙着做饭、洗衣，间或为《七月》写稿的同时，她向大家宣布："我要写我的《呼兰河传》了。"并把写成的部分拿给锡金看。

时隔四十多年，定居长春的蒋锡金教授回忆道：

我想起萧红写这篇小说，大约开始于1937年的12月。

那时是在武昌的水陆前街小金龙巷，萧红每天都忙着给我们做饭，有时还叫我们把衣服脱下来给她捎带着洗。这时她说："嗳，我要写我的《呼兰河传》了。"她就抽空子写。我读了她写的部分原稿，有点纳闷，不知她将怎样写下去，因为读了第一章，又读了第二章的开头几段，她一直在抒情，对乡土的思念是那样深切，对生活的品味是那样细腻，情意悲凉，好像写不尽似的；人物迟迟地总不登场，情节也迟迟地总不发生，我不知道她将精雕细刻出一部什么样的作品来。我喜欢她所写了的这些，认为她写得好，希望她快快地写成。

（锡金：《萧红和她的〈呼兰河传〉》，《长春》，1979年5月号）

此时两萧离开上海到达武汉仅仅三个月，立足未稳；但从那时起，前线所传皆是失利的消息——

1937年7月华北、平津危机之后，"八一三"淞沪之战是中日双方第一次大规模会战，中国军队由于战略不当，装备落后，在付出了惨重代价后，11月11日被迫撤离。

9月13日，日军占领大同后向太原进攻，中国军队由于指挥混乱，布置不当，付出重大牺牲后被迫撤军，11月8日，太原失守。

上海沦为孤岛后，日军迅速进攻国民政府首府南京，国军被迫在12月12日匆忙突围，12月13日，南京陷落，日军屠城，开始了震惊中外长达数月的南京大屠杀。

攻下南京之后，日军溯江而上，战事吃紧，武汉由后方渐变为前线的趋势越发明朗，整个城市处在惊恐和混乱中，大批的难民又开始了四处逃生；小金龙巷21号也被惶恐笼罩，两萧他们每次到胡风处来，总是要讨论怎样离开武汉，什么时候离开，又要去往哪里。

第四节　奔赴山西

1938年1月,"山西王"阎锡山实行联共抗日的政策,在临汾创办了民族革命大学(简称"民大")以培养抗日人才,并兼任校长,李公朴任副校长。臧云远随同李公朴受托来到武汉招兵买马,要为"民大"招聘师资,他是端木在北平的故交,见面后希望推荐一部分较有名气的文化人前往山西任教。端木把消息告诉了大家,大家一听觉得这是为抗战出力的好机会,非常兴奋,纷纷表示愿赴山西。

除了锡金和胡风要办刊物无法脱身外,其余人等都报了名,当时在武汉的许多年轻人也都充满了向往,纷纷报名前去学习。本来说晚几天就会有客车,但他们一行人热情高涨,不愿再等。1月27日,两萧、聂绀弩、端木、艾青和田间等人,在濒临汉水的一个小货车站和学生一起乘装载货物的铁皮车离开了武汉。

临行前,《七月》给每个人发了60元钱,聊作稿酬,以壮行色。临行时,胡风、锡金和罗荪前往车站送行。

《七月》的七个同人走了六个,留守在武汉的胡风送走他们后独自支撑。

第九章 临汾 民大

第一节 来去匆匆 翩若惊鸿

1938年2月6日,经过十天的颠簸,萧红一行到达临汾。

在火车上,萧红和新认识的朋友诗人田间结下了深厚的友谊。田间在"七七"事变爆发后,从日本回国投身抗战,他比萧红小5岁,彼此以姐弟相称。

当时刚刚组建的"民大"正值草创,只挂了一块牌子,并无具体校舍,整个临汾城就是一所大学;聘来的教员和从四面八方涌来的学生数千人,都分散住在老乡家里。萧红他们的身份是学校的文艺指导,刚到时没有具体安排,常与学生谈创作,谈时局。一切都不正规,李公朴发表公开信,呼吁大家自己管理自己,自己管理学校。

每天早晨的军号声把学生都汇集到操场,跑步训练,《救国军歌》此起彼伏,一派蓬蓬勃勃的景象。这些快乐而活泼的年轻人,这种火热感人的生活,不禁使萧红想起了自己同样年轻的弟弟。

不久,临汾迎来了另一彪人马:丁玲带领的西北战地服务团,从潼关来到临汾。两个现代文学史上互闻其名的重量级作家,相逢在抗战前线的晋南小城。

两人的生活经历和情感性格虽多有不同,并不影响一见如故,彼此友好,留下了一段文坛佳话。1942年4月,萧红病逝三个月后,当时在延安的丁玲确知了消息痛惜不已,念及她们"在春初"的相遇,有感而发,写下名篇《风雨中忆萧红》。在大量回忆萧红的文章中,这篇忆文称得起最情真意切的一篇美文；在丁玲一生的创作中，也不失为一篇少有的文情并茂的精品：

那时山西还很冷，很久生活在军旅之中，习惯于粗犷的我，骤睹着她苍白的脸，紧紧闭着的嘴唇，敏捷的动作和神经质的笑声，使我觉得很特别，而唤起许多回忆，但她的说话是很自然而直率的。我很奇怪作为一个作家的她，为什么会那一少于世故，大概女人都容易保有纯洁和幻想，或者也就同时显得有些稚嫩和软弱的缘故吧。但我们却很亲切，彼此并不感觉到有什么孤僻的性格。我们都尽情地在一块唱歌，每晚谈到很晚才睡觉。当然我们之中在思想上，在情感上，在性格上都不是没有差异，然而彼此都能理解，并不会因为不同意见或不同嗜好而争吵，而揶揄。

（丁玲：《风雨中忆萧红》，延安《谷雨》第一卷第五期，1942年6月；见《怀念萧红》，哈尔滨：黑龙江人民出版社，1981年2月）

萧红后来在香港回忆临汾之行，谈及丁玲时，曾对骆宾基说过："丁玲有些英雄的气魄，然而她那笑，那明朗的眼睛，仍然是一个属于女性的柔和。"

（骆宾基：《萧红小传》P74，哈尔滨：黑龙江人民出版社，1981年11月）

在临汾期间，除了和丁玲的友情，萧红和聂绀弩亦有较多接触，因为当时都不是很忙，都在等待和观望，他们就有了较多谈话的机会和时间。与绀弩初识是在1934年12月鲁迅召集的宴会上，从那时起就建立了友谊；后又一起从上海撤退到武汉，编辑《七月》，又一起应邀来到"民大"。

如果说萧红和田间的关系像姐弟，那么她和绀弩之间则更接近是兄妹。和许多文坛上的有识之士一样，绀弩非常欣赏萧红的才情，所以他们的谈话多是围绕创作和生活。

面对绀弩说自己是才女，萧红并不简单地承认和否认，而是借题发挥，有了这样的表态：

中国的所谓天才，是说天生有些聪明，才气。俗话谓之天分、天资、天禀，不问将来成就如何。我不是说我毫无天禀，但以为我对什么不学而能，写文章提笔就挥，那却大错。我是像《红楼梦》里的香菱学诗，在梦里也作诗一样，也是在梦里写文章来的，不过没有向人说过，人家也不知道罢了。

（聂绀弩：《回忆我和萧红的一次谈话——序〈萧红选集〉》，《新文学史

料》,1981年第一期)

此时的萧红,完全是个文学殿堂里的圣徒。

对于比较流行的说她"是个散文家,小说不行"的说法,萧红更是有着自己不俗的见解:"有一种小说学,小说有一定的写法,一定要具备某几种东西,一定写得像巴尔扎克或契诃夫的作品那样。我不相信这一套。有各式各样的作者,就有各式各样的小说。"这种理念她在创作中也一直践行着,作为一个不相信那一套理论的作者,她果然写出了有别于他人的风格独具的优秀小说,像朵朵奇葩,盛开在现代文学的百花园里。

(聂绀弩:《回忆我和萧红的一次谈话——序〈萧红选集〉》,《新文学史料》,1981年第一期)

在同一篇文章中还写道,他们自然也谈鲁迅和他的作品,谈对文学艺术,对社会历史,乃至对自己作品和他人作品的看法,但那谈话的内容包括风格,多年后一经披露,很容易让人产生疑惑,那说话的语气,那措辞的风格,怎么看都像是绀弩的范式,或许已经年近八旬的老人回忆四十多年前的谈话,难免有点出入;但我们依然能从中看出萧红对文艺理论问题的认真思考,这让我们有理由相信,天若假年,她在文艺理论方面一定会有更深入的思索,或者更成熟的观点。

2月中旬,大同和太原相继失守之后,日军兵分两路向临汾进军,形势骤然紧张!"民大"这个刚刚搭建的草台班子马上就面临撤退,设在临汾的"民大"总部和临汾分校决定撤往晋西南的乡宁一带,至于两萧他们这些聘来的"文艺指导",愿意留下的可随"民大"师生一起撤退,不愿留下的可随丁玲的西北战地服务团去运城,当时"西战团"奉命要在运城待命,而那里亦设有民大的第三分校。

当时,他们一行人中,田间和随着"上海文化界抗日救亡演剧一队"来到临汾的塞克已加入"西战团",自然会跟丁玲一起走;而聂绀弩、艾青和端木蕻良想到"民大"的第三分校看看,也去运城。这样,只有两萧行止待定,成了大家关注的问题。

在何去何从的选择上,两萧的态度一开始就不一致。面对"去""留"之争,他们各执一词:去运城,萧军不甘心,他想要留下和师生一起去乡宁打游击;而留下来,萧红则不能接受,她想和朋友们在一起,她向往有个安静的创作环境,而乡宁的前景在她看来势必动荡不安。两人谁也说服不了谁,一直在争吵……最后只能各行其是。

关于那时争论的理由、内容和过程,事后两人的态度也大不相同:萧红在余生的文字里对此几乎未置一词,萧军则在不久后就有相当详细的记载,读过这些文字,当时情景大致得以还原。

《侧面》是萧军写的一本"旅行记",1939年3月写于成都,后改名为《从临汾到延安》,顾名思义,它所记录的就是作者怎样从临汾到了延安;它的第一篇第一章,开宗明义就是《我留在临汾》,并且紧接着用一个小题目阐释他的理由:"因为我强壮!"

而且,一开篇就没有任何过渡,直接进入争论的场景:

就这样决定了:让他们去运城,我留在临汾,一定要看个水落石出才能甘心——我比他们强壮。

"你总是这样不听别人的劝告,该固执的你固执,不该固执的你也固执……这简直是'英雄主义','逞强主义'……你去打游击吗?那不会比一个真正的游击队员更价值大一些,万一……牺牲了,以你的年龄,你的生活经验,文学上的才能……这损失,并不仅是你自己的呢。我也并不仅是为了'爱人'的关系才这样劝阻你,以致引起你的憎恶与鄙视……这是想到了我们的文学事业。"

"人总是一样的。生命的价值也是一样的。战线上死了的人不一定全是愚蠢的……为了争取解放共同奴隶的命运,谁是应该等待发展他们的'天才',谁又该去死呢?"

"你简直忘了'各尽所能'这宝贵的言语,也忘了自己的岗位,简直是胡来……"

"我什么全没忘。我们还是各自走自己要走的路吧,万一我死不了——我想我不会死的——我们再见,那时候也还是乐意在一起就在一起,不然就永远地分开……"

"好的。"

我和红的谈话,就这样各自封锁住了。
(萧军:《从临汾到延安》P1,太原:山西人民出版社,1983年12月)

他们的争吵一直持续到最后的时刻,即使是萧红近乎哀求的劝告:"我知道我的生命不会太久了,我不愿在生活上再使自己吃苦,再忍受各种折磨了……"萧军依然不为所动。

临别的前夜,他们的争吵惊扰着睡梦中的丁玲。

第二天(约在1938年2月22日)傍晚,独自留在临汾的萧军专程到位于城外的车站送行众人,与萧红的分别依然缠绵;真挚的萧红更是担心他的命运和安危,几度哽咽,潸然泪下。

分别在即,萧红心中满是慌乱与茫然,在车厢里接过车厢外的萧军刚买的两个梨子后,她流泪的眼睛直盯着萧军,她似乎意识到了什么……她的牵挂与不舍也突然爆发,她紧紧地抓住萧军的手,急速地说着:"我不要去运城了!我要同你进城去……死活在一起吧!在一起吧……若不,你也就一同走……留你一个人在这里我不放心,我懂得你的脾气……"
(萧军:《从临汾到延安》P6,太原:山西人民出版社,1983年12月)
此时大局已定,再说什么也已于事无补了!

在分手不久后写下的《从临汾到延安》中,萧军还记下了他们的最终离别的场面:

我走下了车,段同志(丁玲)已经去到那个车厢,发动他们的团员准备为我唱一支送行的歌。

红却没有走下车厢,她只是从车厢的这面窗口探出身子,无言地望着我……这才是一种真正的沉重的压迫!我几乎不能忍受了,我要过去拥抱她——这面的歌声却响了起来……于是,在一种昏茫和激动的感觉里,我匆忙地离开了他们……

什么也全看不十分分明了,红还是倚坐在那个窗口吗?微微地透着一点苍白……

我崭然地扭回头来,急速地走下了出站的斜坡……

到城里去的方向没有灯火，没有人声……看起来只是一片无止尽的黑茫……

（萧军：《从临汾到延安》P20，太原：山西人民出版社，1983年12月）

至此，貌似暂别，实为长久，分手已成不可挽回的定局。

第二节　汾河圆月今在否

萧红此行在临汾总共待了不到二十天，这一段匆忙的山西之行，在她后来的文字里所叙不多。1938年10月所写的小说《孩子的讲演》，是以"西北战地服务团"以临汾为背景的；1941年9月所写的《九一八致弟弟书》中也曾略有提及。

然而，最让人不能不肃然起敬的是，即使是在那样动荡而无序的环境里，她仍然能够笔耕不辍，辗转临汾的萧红在逃亡的间隙写下了著名散文《记鹿地夫妇》。这篇7000多字的散文，通篇忆及的都是"八一三"前后她和鹿地夫妇的交往，即是后来被许广平先生称赞的"侠义行为"，其文笔从容而平静。此文1938年2月20日完成于临汾，1938年5月1日刊于武汉《文艺阵地》第一卷第二期。

还有一部作品留着她过境山西的痕迹，短篇小说《汾河的圆月》，讲的是汾河边上小玉一家的故事，小玉的父亲"为着那卢沟桥"病死军中，小玉的母亲改嫁他去，小玉的盲人祖母"失子惊疯"，无论何时想起儿子就会像祥林嫂一样念叨个没完，就会被周围的人们讥笑，就会在月夜里拄着手杖摸索着走向汾河岸边……此篇是1938年8月20日写于汉口，1938年8月26日刊登在汉口《大公报》副刊《战线》第177期上。

再就是，大概……可能……也许……就在这短暂的停留中，一个胎儿在她腹内悄然开始孕育，这个胎儿，就是10个月之后出生在江津并不幸夭折的那个男婴……

萧红一行随"西战团"到达运城，大约在2月24日，"西战团"准备回延安，于是，他们一行也有了去延安的打算，恰在这时，她又辗转收到老朋友高原

发自延安的一封信,她在回信中说:

> 我现在又来到了运城,因为现在我是在民大教书了。运城是民大第三分校。这回我是一个人来的。从这里也许到延安去,没有工作,是去那里看看。二月底从运城出发,大概三月五日左右到延安。

(高原:《离合悲欢忆萧红》,《哈尔滨文艺》,1980年12期)

信尚未发出,他们已经动身,所以,她在最后又补上了一句:

> 现在我已经来到潼关,一星期内可以见到。

(高原:《离合悲欢忆萧红》,《哈尔滨文艺》,1980年12期)

潼关已是陕西境内,这说明他们已经向着延安出发了。

但事情往往"计划不如变化大",更何况战争年代。丁玲的"西战团"接到第十八集团军总部的命令,暂不去延安,要去西安开展工作,于是,他们又随"西战团"从风陵渡过黄河,然后乘上了去西安的火车。

第十章　西安　行走在西北的风沙中

第一节　长安古城留红影

在前往西安的火车上,应了丁玲的建议,萧红和塞克、端木和聂绀弩一起为西北战地服务团创作了一个话剧,他们依据在山西的生活经历,你一言我一语,构思出了故事情节、场次和人物的大体轮廓。到西安后,由塞克根据车上的记录,从一个戏剧导演的角度把它整理成一部三幕话剧,取名《突击》。

《突击》表现的是山西太原附近的农民,在日本军队的侵略面前,被迫组织起来武装反抗的故事。

《突击》是"突击"创作的,也是"突击"排演的。经过两个礼拜的紧张排练,3月16日,话剧《突击》在西安上演,连演三天,每天演两场或三场,场场爆满,很是轰动。

《突击》的演出不仅取得

1938年3月21日,西安,萧红单人照,骆元用拍摄。
据说头上戴的帽子是萧红自己用萧军的旧礼帽改制而成。

了良好的社会效益,同时还有不错的经济效益,丁玲用演出的收入除了为团里添置服装设备外,还购置了一部照相机,因此大家在西安都留下了不少照片。我们现在所看到的,他们一行人在西安的若干留影,多半是由这部相机拍摄的。

在西安,他们住在八路军办事处所在地"七贤庄",当时的"七贤庄"是由陕西省银行修建的几处院落,抗战全面爆发后,成了"国民革命第八路军驻陕办事处",所以这里还住着很多的八路军伤病员,萧红曾在散文《无题》中写道:"在西安和八路军残废兵是同院住着,所以朝夕所看到的都是他们。"这里还是很多人从各地区前往延安的中转站。

左起:塞克、田间、绀弩、萧红、端木蕻良、丁玲。
1938年3月在西安,他们住在八路军办事处大院,分住在高台阶上一排屋子里。
(钟耀群:《端木与萧红》P22,北京:中国文联出版公司,1998年1月)

在西安期间,萧红和朋友们的友谊也有了进一步的发展。

同是从事写作的女性,萧红和丁玲的沟通几乎遍及所有的领域。丁玲曾回忆:

我们在西安住完了一个春天,我们也痛饮过,我们也同度过风雨之夕。

第十章　西安　行走在西北的风沙中　　153

我们也互相倾诉,然而现在想来,我们谈得是如何的少呵!我们似乎从没有一次谈到过自己,尤其是我。然而我却以为也从没有一句话之中是失去了自己的,因为我们实在都太真实太爱在朋友的面前赤裸自己的精神,因此我们又实在觉得是很亲近的。但我仍会觉得我们是谈得太少的,因为,像这样地能无妨嫌,无拘束,不须要警惕着谈话的对手是太少了呵!

我是曾把眼睛扫遍了中国我所认识的或知道的女性朋友,而感到一种无言的寂寞,能够耐苦的,不依赖于别的力量,有才智有气节而从事于写作的女友,是如此寥寥呵!

（丁玲:《风雨中忆萧红》,延安《谷雨》第一卷第五期,1942年6月;见《怀念萧红》,哈尔滨:黑龙江人民出版社,1981年2月）

和聂绀弩也有了更多交流,他们有时出去散步,许多和别人不能讨论的话题,也成了他们之间的谈话内容:"朦胧的月色布满着西安的正北路,萧红,穿着酱色的旧棉袄,外披着黑色的小外套,毡帽歪在一边,夜风吹动着帽外的长发。她一边走,一边说……"说了很多,说了和萧军一起生活的实况,更是前所未有地说了萧军在上海和别人的恋爱经过……留在聂绀弩印象中的是,她深感做萧军的妻子太痛苦了!忍受屈辱,已经太久了。面对着聂绀弩对她这个"才女"的欣赏,并要她"飞得高,飞得远"的鼓励,她不禁感慨万端:"你知道吗?我是个女性。女性的天空是低的,羽翼是稀薄的,而身边的累赘又是笨重的!而且多么讨厌呵,女性有着过多的自我牺牲精神。这不是勇敢,倒是怯懦,是在长期的无助的牺牲状态中养成的自甘牺牲的惰性。我知道,可是我还免不了想:我算什么呢?屈辱算什么呢?灾难算什么呢?甚至死算什么呢?我不明白,我究竟是一个人还是两个;是这样想的是我呢?还是那样想的是。不错,我要飞,但同时觉得……我会掉下来。"

（聂绀弩:《在西安》,1946年1月22日《新华日报》;见《怀念萧红》,哈尔滨:黑龙江人民出版社,1981年2月）

这样的谈话使得绀弩已经意识到,在临汾"当时还以为只有萧军蓄有离意;今天听见萧红诉述她的屈辱,才知道她也跟萧军一样,临汾之别,大概彼此都明白是永久的了"。

1938年春,西安。
左起:萧红、夏革非(西北战地服务团演员)、丁玲。

第十章 西安 行走在西北的风沙中　155

（聂绀弩：《在西安》，1946年1月22日《新华日报》；见《怀念萧红》，哈尔滨：黑龙江人民出版社，1981年2月）

1938年春，西安。萧红与端木蕻良。

萧红和端木之间更是有了较多的接触和了解，在丁玲由绀弩陪同去延安"述职"后，有关创作的话题就多是和端木在一起谈。交谈中他们发现相互之间有更多的投合之处，比如对创作的态度，对世俗的纷扰，对美术的喜爱；有时也谈到鲁迅先生，自己的身世，也常在小摊上一起吃饭。西安的名胜古迹很多，他们也和别的朋友同去游览，端木尤其喜爱王羲之的书法，最爱去的地方是碑林；萧红也是书法爱好者，听端木细讲《三藏圣教序碑》的时候往往瞪大了眼睛，她觉得端木真是知识渊博啊！那里边每个字的特点都被他讲得头头是道，不愧来自清华园历史系，听得萧红一愣一愣的。

当时常和他们在一起的，还有塞克、王力等新老朋友。在这样无拘无束的聊天中，萧红找到了久违的自信和快乐，她完全是以一个独立的个体与大家平等地讨论问题，这种感觉对她太重要了，因此，她的心情愉快而轻松。

3月下旬，当丁玲要去延安"述

1938年春，西安。萧红与端木蕻良。

1938年春，萧红在西安公园。

第十章 西安 行走在西北的风沙中

职"时,聂绀弩也跟她同行,绀弩也邀萧红一块去。本来萧红和端木也想去那里看看,但是担心会碰到萧军,就放弃了。

3月下旬,因为剧本《突击》刊用一事,萧红致信胡风,信中说:

我一向没有写稿,同时也没有写信给你。这一遭的北方的出行,在别人都是好的,在我就坏了。前些天萧军没有消息的时候,又加上我大概是有了孩子。那时候端木说:"不愿意丢掉的那一点,现在丢了;不愿意多的那一点,现在多了。"

现在萧军到延安了。聂也去了。我和端木留在西安,因为车子问题。

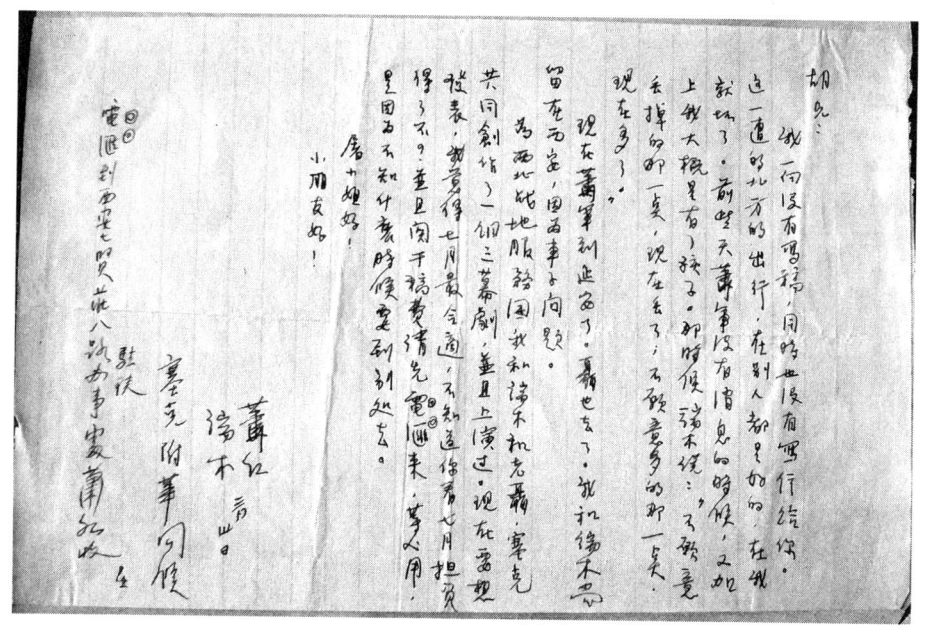

此信的手迹。

此信原件收藏于"胡风文库"。笔者见到它时,讶异于它历经劫难却保存完好,对于左下角的一个红色的"4"字更是不解。那里的工作人员解疑说,当年胡风案发,所有物品都被当做"罪证"、"证据"抄走,然后由专案组专人负责整理、归类、编号……于是,萧红的这封信随着大批"罪证"一同被抄,被归整,被编号,并留下了那个时代令人恐惧的历史印痕——红色的"4"。

多年以后,公安部归还了部分抄走的物品,这封信才得以"完璧归胡"。

此信有点意味深长,最后署名已是萧红端木。

其中端木的说法:"不愿意丢掉的那一点(指萧军),现在丢了;不愿意多的那一点(指身孕),现在多了",好似仍在为两萧的分手而惋惜。

丁玲和聂绀弩到延安后,真的在那里遇到了萧军;萧军本来要去五台山,因道路阻断而逗留在延安,一时难以成行,丁玲和绀弩就劝他不如随他们一起去西安,参加"西战团",做点文化宣传工作,萧军同意了。

丁、聂二人此时的邀请的动因,一是看他在延安无事可做,二是通过他们的观察想再度撮合两萧也未可知。

第二节 缘结缘分两自明

1938年4月初,西安,七贤庄,听到"西战团"的团员们高喊"主任回来了",萧红和端木也闻声从屋里跑了出来,不料先自就看到了随他们一同来到西安的萧军。

气氛一时有些异常。

关于最后的摊牌,不同的当事者有着不同的说法:

最关键的人物萧红还是一向的做派,在后来的文字中未曾提及。

萧军在1978年9月的说法——

一九三八年初夏,在延安我计划要去"五台",当时不能成行,就随同丁玲、聂绀弩一道到了西安"西北战地服务团"。这时萧红也正寄居在该团。

正当我洗涤着头脸上沾满的尘土,萧红在一边微笑着向我说:

"三郎——我们永远分开吧!"

"好。"我一面擦洗着头脸,一面平静地回答着她说。接着很快她就走出去了……这时屋子里,似乎另外还有几个什么人,但当时的气氛是很宁静的,没有谁说一句话。

我们的永远"诀别"就是这样平凡而了当的,并没任何废话和纠纷地确定下来了。

第十章 西安 行走在西北的风沙中

（萧军：《萧红书简辑存注释录》P157，哈尔滨，黑龙江人民出版社，1980）

1997年5月，来自端木蕻良夫人钟耀群女士的记述——

不久，丁玲、聂绀弩从延安回来，没想到萧军也一起来了，这是萧红没能料到的。大家一阵欢迎之后，端木回到自己的屋里，准备他正在写的文章。

萧红走了进来，端木转过身看见她一付情绪低落的样子，便问：

"你不舒服吗？"

萧红还没有回话，萧军就大踏步地走了进来，完全一付"家长"的气派，粗声粗气地对萧红和端木说：

"萧红，你和端木结婚吧！我和××结婚！"当时端木屋里还有一架破钢琴，萧军说完还用手在琴键上打了一下，发出"当"的声音。

这一阵旋风，把端木和萧红都刮愣了，得缓过气来，萧红生气地说：

"你这是什么话？你和谁结婚我管不着，我和谁结婚难道要你来下命令吗？"

端木也生气地说："你也太狂妄了！你把我们当成什么人了？"

萧军怒冲冲地说："我成全你们不好吗？"对着端木说："瞧瞧你那德行！"

端木也怒冲冲地站起来说："你想干什么？你怎么随便侮辱人！"

萧军说："我就是要好好教训教训你这小子！"

萧红看萧军那架势是准备打架，急忙插了过去，推着萧军说："走！走！咱们有话到外边说去！"连推带拽地就把萧军拽出去了。

（钟耀群：《端木与萧红》P29，北京：中国文联出版公司，1998年1月）

其他当时在西安的人员亦有各自的见解。有的说，特别喜欢孩子的萧军曾以未出世的孩子为据刻意挽留，想等萧红分娩之后再分手，或者等孩子生下来由他抚养，但均未得萧红同意，同时萧红还一直避免再和萧军的单独接触；也有的说那几日萧军已不那么理智，曾找到端木下"战书"要去决斗什么的，被萧红闻讯后及时制止……

这里有一点点"罗生门"的意味，不同的人有着不同的说法，不同的说法却有着同一个结局：两萧宿命般的离异！人们遗憾也罢，惋惜也罢，这个结局终致来到,这个结局已不可更改。

结局到来之初,随之而来的纠结和尴尬也是不可避免的。面对这样的局面,他们都不想在西安待下去了。

于是,这边厢,"在当时那种令人难堪的处境中,萧军无法再在西安待下去,他决定去新疆,那里有许多老朋友在开展抗日救亡文艺工作"。

(王德芬:《萧军年表》(初稿),《东北文学研究丛刊》P149,1985年第2期)

正巧塞克、朱星南、王洛宾和罗珊等人要去兰州,而兰州是前往新疆的必经之路,所以,他们结伴而行,于4月28日到达兰州。在兰州,结识了19岁的美专女生王德芬,随即坠入爱河;6月2日在报上刊出订婚启事,双双离开兰州。婚后养育了八个孩子,厮守终生。

那边厢,在这样的情况下,端木接受了怀有几个月身孕的萧红,他们商定,萧军要去延安,他们就回武汉;萧军要回武汉,他们就去延安。后来听说萧军要随丁玲去延安,端木和萧红就决定回武汉。

就在他们返回武汉的前夕,诗人田间依依不舍地写诗送别:《给萧红——一九三八年四月十七日夜在西安为告别萧红姐而写》,诗中写道:

> 中国的女人都在哭泣。
> 在生死场上哭泣,在火边哭泣,在刀口哭泣,
> 在厨房里哭泣,在汲井边哭泣。
> 呵,让你的活跃的血液,
> 从这战斗的春天底路上,
> 呼唤姐妹,提携姐妹,
> ——告诉她们,
> 从悲哀的家庭里,
> 站出来——到客堂吃饭,
> 上火线演讲,去战地打靶……
> 中国的女人不能长久哭泣。

这首诗后来收入《西北战地服务团丛书》。

第三节 《白头吟》约在 流水各西东

从3月初抵达西安到4月18日离开西安，萧红在此共住了一个半月，其间发生的最大一件事就是生活之变故，离开了共同生活六年的萧军，开始了与端木蕻良的情感之旅。

1938年，一向被认为是萧红创作生涯前后期的分界线；不仅如此，1938年，也是她个人生活的转折点和分水岭。

西北之行时间虽短，但意义重大，了结了一段人生路上的"昨日之日"，又开启了另一段人生之路的"今日之日"。

长安古道和大雁塔，见证了这一幕人间悲欢！

第十一章　又回江城

第一节　重返小金龙巷

1938年4月下旬,萧红和端木蕻良回到武汉,他们马上就去找蒋锡金,问小金龙巷的房子还在不在,锡金说只要付上一个月的房租就能住进去,端木在亲戚家借到了20元大洋,他们重新入住小金龙巷21号。

回到武汉后,第一时间就和胡风联系上了,说了西北之行的有关情况和生活变故;但胡风夫妇的态度非常平淡,他们预感到两萧也许迟早要分开,可这样短的时间,萧红就已经和端木蕻良生活在一起了,他们还是觉得很不理解,所以,一句祝贺的话也说不出来。别的朋友多数也觉得不可思议,这使他们觉得很受伤,慢慢地,有些朋友就渐渐少了往来。

其实,别人怎么看待这个问题,别人的"那种不坦直的,大有含蓄的眼色",对萧红的影响并不大,她对自己的选择无怨无悔就行了,别人的看法嘛,顾不上那许多了。

真正让她觉得烦心的事情是她自身的"病"。

回武汉不久,她就积极地想办法找人帮忙联系医生,要把

1938年春夏之交,武昌小朝街,金家花园。
左为梅志,右为萧红,中间的孩子是胡风长子张晓谷。

腹内的胎儿打下来,当时胡风夫人梅志也怀孕了,也不想要这个孩子,她们就一起去咨询。但那医院里的医生说,打胎的费用是一百四十元,她们吓坏了,这在当时是一个巨大的数目,她们根本就拿不出来,只能无奈地离开了医院。萧红又托锡金帮忙找医生,但当时做人工流产是非法的,要冒很大的风险,所以没有几个人敢应承,况且月份大了,手术对大人也太危险,因此锡金也无能为力。他还劝萧红把孩子生下来,说那是一条小生命,总会有办法的,有这么多朋友呢……锡金劝慰的话尚未说完,万般无奈的萧红早已泪流满面。

4月29日,萧红和端木参加了《七月》杂志社举办的第三次座谈会,这次座谈会的主题是"现时文艺活动与《七月》",依然是自由讨论,畅所欲言的会风。在会上,胡风、端木蕻良、鹿地亘、冯乃超、楼适夷、吴奚如、辛人、宋之的和艾青等人先后发言,这次座谈会的记录发表在1938年5月1日出版的第15期《七月》上。

萧红与会并阐述了自己对有关问题的观点,针对当时非常流行的"战场高于一切"的说法,她表示了自己不同的看法:"胡风对于他自己没有到战场上去的解释,是不是矛盾的?你的《七月》编得很好,而且养育了曹白和东平这样的作家,并且还希望再接着更多地养育下去。那么,你也丢下《七月》上战场,这样是不是说战场高于一切?还是为着应付抗战以来所听惯了的普遍的口号,不得不说也要上战场呢?"她认为在战时,每个人都各尽其能,努力做好自己的工作,就是对抗战最大的支持,并不一定无论什么人,都要上战场。

对于题材,她的观点是:"一个题材必须要跟作者的情感熟习起了,或者跟作者起着一种思恋的情绪。但这多少是需要一点时间才能够把握住的。"这是萧红自身经验的总结和阐述,她所写得得心应手的作品题材,无一不是她自己熟悉的和有感情的;这种理论同时也符合艺术的创作规律,不用时间去体验生活,不沉潜下来构思作品,而为着流行趋势去写一些应景的东西,急功近利,难免生硬,也不会有好的作品产生。

当时抗战和救亡压倒一切,原本固有的阶层组合发生了很大变化,针对奚如的一些观点,萧红非常坦率地表达了自己的看法:"关于奚如对于作家在抗战中的理解,我有意见的。他说抗战一发生,因为没有阶级存在了。他的意思或是说阶级的意识不鲜明了。写惯了阶级题材的作家们,对于这刚一开头的战争不能把握,所以在这期间没有好的作品产出来,也都成了一种逃难的形势。作家不是属于某个阶级的,作家是属于人类的。现在或是过去,作家们写作的出发点是对着人类的愚昧!"

这是一个卓越的表达,卓越到具有恒久意义!联系到当时救亡的主题,更是难能可贵。

她强调作家的人类属性,她力主作家写作的出发点是对着"人类的愚昧",这是她高人一等的认知和取向,也与鲁迅"改造民族灵魂"的精神内核一脉相承。

这种主张的公然表达,说明她已经具备了相当成熟的创作思想,她随后的那些杰出的作品也有意无意地佐证了这一主张;也许这种主张还不够完善,还需要在实践中不断提升,无奈天妒英才,天不假年,我们无法分享萧红在文艺理论上的更高建树了。

在从西安返回武汉的火车上,萧红就说要在报上登一则启事,把她和萧军分手的消息公之于众,但遭遇端木蕻良的劝阻,他的理由是萧红并非无名之辈,没有必要为此事弄得满城风雨。

端木蕻良虽然不同意在报上登启事,但他也在考虑用一个适宜的方式把他和萧红的关系公诸于众;他的主张就是要和萧红举行一个婚礼,要给萧红一个正式的名分。

端木蕻良对自己的大事一向慎重,这也是他对萧红表示出的尊重,他认为,两个人既然要在一起生活,那么首先就应该结婚,明确关系;他还认为,萧红此前的两段感情生活之所以坎坷,很大程度上是由于没有婚姻的约束。这是萧红不曾想到的,她当然同意做一次新娘了!

端木的家人起初不同意他的选择,他们说什么也不理解,自己家这个才华过人的老小为什么一定要娶这样一个年龄大于自己、两度和别人同居、现在腹内还怀着别人孩子的女子,他们更看不出来这个容颜憔悴的女子哪里动人,他们觉得端木一定是昏了头。但在劝说无效后,只好听之任之。

1938年5月下旬,汉口,大同酒家,端木和萧红举行了简朴的婚礼,部分亲友出席。

说是婚礼，其实只是一次聚餐而已，只是聚餐的理由非常正式，就是向世人宣布端木蕻良先生和萧红女士结为夫妇；当天衣着也特别正式，萧红身穿专门定做的"红纱底金绒花"的旗袍，端木蕻良是浅驼色的新西装，打着红领带，当他们身着正装出现在亲友面前时，看上去是那么漂亮而文雅。

胡风、艾青和池田幸子等友人出席了婚礼；胡风尽管在得到通知的初始感到"迷惑不解"，但还是担任了婚礼的司仪，席间为了活跃气氛，他提议让新郎新娘谈谈恋爱经过，不料却引发了萧红的感慨，她说："张兄，剖肝掏肺地说，我和端木蕻良没有什么浪漫蒂克式的恋爱历史。是我在决定同三郎永远分开的时候我才发现了端木蕻良。我对端木蕻良没有过高的希求，我只想过正常的老百姓式的夫妻生活。没有争吵、没有打闹、没有不忠、没有讥笑，有的只是互相谅解、爱护、体贴。""我深深感到，像我眼前这种状况的人（指她当时正怀有萧军的孩子），还要什么名分，可端木却做了牺牲，就这一点我就感到十分满足了。"

（国兴：《文坛驰骋联双璧》，《铁岭师专学报》P39，1994年第1期；见孔海立：《忧郁的东北人——端木蕻良》P99，上海：上海书店出版社，1999年12月）

这番话应该是萧红的肺腑之言，是她经历过那么多"争吵"和"打闹"，经受过"不忠"和"讥笑"之后的内心诉求，走得很疲惫之后，感情上已经没有什么奢望，因此，若能过上"正常的老百姓式的夫妻生活"就感到"十分满足了"。

1985年5月，距此婚宴举行37年后，已过古稀之年的端木蕻良，应邀前往武汉参加黄鹤楼笔会，其间专门抽出时间和夫人钟耀群一起，在当地文联朋友的陪伴下，专程前往，重访汉口"大同酒家"，凭吊当年。

当费了九牛二虎之力终于找到，端木拄着手杖，迫不及待地爬上二楼楼梯口，巡视楼上情景时，我看到他不顾喘息、百感交集的含泪目光。

（钟耀群：《端木与萧红》前言，北京：中国文联出版公司，1998年1月）

第二节　三镇告急　艰辛入川

结婚后，萧红和端木蕻良仍住小金龙巷21号，她把这个临时的小家布置得很温馨,两个人之间也在这一段适应和磨合;来往的朋友不多,他们就安心地写作。

他们也许要在武汉待下去,但不断恶化的时局晃动了他们的书桌。

早在攻占南京之后,日军大本营就开始研究"攻占汉口作战"。日军参谋本部情报部的建议是:从历史看,只要攻占武汉,就能支配中国;只要控制了武汉,即可把蒋介石政权逐出中原。

1937年10月29日,国防最高会议中,蒋介石作题为《国府迁渝与抗战前途》的讲话指出,在全局主动退却的时期:"四川为抗日战争的大后方",而重庆因其得天独厚的地理优势,"襟江背岭,浓雾蔽城,易守难攻",可做"国民政府驻地"。

11月20日,国民政府发表宣言,正式宣布迁都重庆,以重庆为战时首都。

1938年5月9日,当局弃守徐州,6、7月间,日军兵分五路钳向武汉,国民政府发出了"保卫大武汉"的号召,7月26日九江失守后,日军即以此作为进攻武汉的推进基地,大规模集结作战部队,积极准备进攻武汉。

三镇告急。人心极度恐慌。

在这样的情况下,人们普遍怀疑"保卫大武汉"的前景,几乎无人相信大武汉能保得住;于是很多达官贵人和工厂企业,都筹备着去往重庆的搬迁,先前从各地会聚到武汉的各界人士,也都纷纷再一次踏上了逃亡之路;长江航道水泄不通,入川的客轮一票难求。

当时入川没有铁路,也没有公路,只有水路,只能走长江;而长江在宜昌以上进入三峡后,航道狭窄弯曲复杂,滩多浪急险象环生,有的地方仅容一船通过。1500吨级以上的轮船到这里无法溯江而上,因此,所有来自上海、南京、武汉等地的大船,均不能直达重庆,无论客轮还是货轮,都必须在宜昌下船"换载",转乘能走峡江的大马力小船,方能继续溯江入川。

第十一章 又回江城

战云密布,更加重了混乱和危困。

萧红和端木也计划向重庆疏散,但最初只买到一张船票,也就是说只能有一个人先走,在谁先走的问题上,他们之间发生了争执,萧红坚持要端木先走,她担心她先走了自理能力很差的端木在武汉可能会走不成,而她会找到一起走的朋友,会有人在路上照顾她;而且由于难民的大量涌入,当时重庆的住房极其紧张,端木先去了也好安排一下。于是,端木拗不过萧红,就与罗烽一起先行离开了武汉。

但是令端木没有想到的是,他当年的这一举措在后来的几十年中都遭人诟病。

8月上旬日军已开始轰炸武汉,萧红一个人在小金龙巷感到恐慌,就把东西搬到汉口三教街"中华全国文艺界抗敌协会"(简称"文协")所在地,找到锡金和罗荪,勉强打了个地铺,住在走廊楼梯口的地板上,等着船票。在那里,身怀重孕的萧红,总是在地铺上躺着。

令人讶异的是,即便在这样的状态下,萧红居然还有作品完成,8月6日,短篇小说《黄河》收笔;8月20日,又写出了《汾河的圆月》。那是在经历敌机频繁空袭和度过一个个灯火管制的不眠之夜而写下的文字,当时,保卫武汉的战况正日趋激烈。

而且,在那样的环境里,在大轰炸的间隙里,和朋友的闲谈中,她常常谈到自己的许多计划和幻想;她甚至设想,到重庆后,开一间文艺咖啡室,来调节作家们太过清苦的生活。"我们的文艺咖啡室一定要有最漂亮、最舒适的设备,比方说:灯光、壁饰、座位、台布、桌子上的摆设、使用的器皿,等等。而且所有服务的人都是具有美的标准的。而且我们要选择最好的音乐,使客人得到休息。哦,总之,这个地方是可以使作家感到最能休息的地方。""中国作家的生活是世界上第一等苦闷的,而来为作家调剂一下这苦闷的,还得我们自己动手才成啊!"

(罗荪:《忆萧红》,《怀念萧红》P38,哈尔滨:黑龙江人民出版社,1981年2

月）

这些计划和幻想，反映了她无处不在的唯美倾向。

9月中旬，船票终于买到；萧红和冯乃超夫人李声韵同行。但船到宜昌，声韵突然病倒被送进医院，萧红只好一个人前往，入川之路由此变得更加艰辛；她怀着重孕独自去找船，船并没有等她，早已开走；黑暗中，码头上，她被纵横交错的缆绳绊倒几乎流产，却已经丧失了自己爬起来的力气，就那样无助地躺在地上很长时间，看着天上稀疏的星星；遥想到故乡的星夜和后花园里的童年……天将亮的时候，她被一位赶船的陌生人扶了起来，等了下一趟船才继续赶路。

这异乡码头上暗夜中凄风冷雨的劫难，留在萧红记忆中是永远的铭心刻骨。

当时由武汉到重庆，一般要走十天的水路；但萧红的这次入川，至少走了十来天，那样的身体状况，那样的担惊受怕，其中的辛苦和颠沛是生活在和平年代的人们无法想象的。

萧红离开了武汉之后，战局每况愈下；假如再晚走几日，后果不堪设想。

武汉保卫战是抗战中规模最大、作战地域最广、持续时间最长的空前大会战。对日军而言，战场上接连的胜利进一步激发了他们对中国的蔑视和对武力的狂热；日军主力从华北转移到华中，期待以一场决定性的会战消灭中国军队主力，迫使国民政府投降。

8月22日，日本大本营正式下达进攻武汉的第188号"大陆命"、135号"大海令"。

在中国军队为期半个月的抵抗之后，日军凭借优势火力于9月29日攻克田家镇要塞，至此，武汉北路已无险可守。

10月24日，日军对武汉形成了东、北、南三面包围的态势。同时，为策应武汉会战，日军于10月12日在广州南海大亚湾登陆，并在10月21日切断了粤汉铁路，占领广州；广州沦陷对"保卫大武汉"的战斗是个沉重打击。蒋介石在日记中写道:"此时武汉地位已失重要性,如勉强保持,则最后必失,不如下决心自动放弃,保全若干力量,以为持久抗战与最后胜利之根基。"

在坚持抗战而非妥协投降的大前提下,必要时放弃某些据点的战略认识方面,国共双方"英雄所见略同"。

10月24日,蒋介石正式下令放弃武汉。

1938年10月25日,汉口沦陷。

此前中国军队有计划地撤离汉口,并炸毁汉口的主要军事和经济设施,将主要工业设备迁往西南;日军最终占领的是一座燃烧了两天的空城。

至此,抗日战争正式进入战略相持阶段。

第三节　此地空余黄鹤楼

萧红此次离开武汉,即是永别了江城。

从1937年10月10日前后到汉,到1938年1月27日离汉去临汾,再到1938年4月从西安回武汉,然后是1938年9月去重庆,她往返江城待的时间总共不足一年。

一年不到,时间被分割成几块,武汉—临汾—西安—武汉;一直在逃亡,一直在被战局和警报声追赶着。

武汉这座城市于她个人来说,意义在于目睹了她生活中的重大变故:第一次到武汉时,她是萧军的伴侣;再回武汉,她已是端木蕻良的妻子。

在颠沛流离的逃亡途中,依然不断有作品问世。计有《鲁迅先生记》、《火线外二章》、《一条铁路底完成》、《〈大地的女儿〉与〈动乱年代〉》、《记鹿地夫妇》、《无题》、《汾河的圆月》、《寄东北流亡者》、《黄河》等篇。

2009年12月,笔者曾去武昌水陆街小金龙巷寻访萧红在江城的踪迹,令人非常惋惜的是,小金龙巷已被拆除,整个小巷也已变成高楼大厦,我们再也无法寻觅前人的足迹了。但还是在当地老人的指点下,找到了当年小金龙巷21号最确切的位置,并拍照留念。

(附记:据当地老人们讲,原小金龙巷21号这处宅院有一百多年的历史,属于一位钱姓商贾,里面有十余间房屋,全部为青砖灰瓦,房梁门柱上雕刻着古代戏曲故事和人物。武汉沦陷后,该宅院成为日本宪兵队长的私人住所。日本投降后,被一位国民党军官霸占。后来钱氏家人用重金赎回了这所宅院。解放前夕,钱氏去了台湾。解放后这所宅院收归国有,里面住了七八户人家。几年前,钱氏后人曾来寻访21号,对宅院照了许多相,带回台湾。2001年5月,小金龙巷被房地产开发商改造为住宅小区,21号宅院也与其他房屋一道被拆除。)

今日小金龙巷一带,往日"21号"旧址。
图中人物所站位置即为原来的小金龙巷21号旧址。左边有一小女孩走来的位置往里即为金龙巷,比较热闹;从金龙巷出来左拐即为小金龙巷,相对僻静。

第十二章　山城重庆

第一节　警报的笛子

一路颠沛终于到达重庆后,萧红先在范士荣家里落脚,范是端木南开时期的同学,此外还有一点亲戚关系。

稍事休整后,就又开始了写作,10月中旬,完成小说《孩子的讲演》,说的是在临汾时"西战团"9岁的勤务兵王根的故事;10月31日,完成小说《朦胧的期待》,说的是"保卫大武汉"前后,年轻女佣李妈和"去打仗"的主人的卫兵金立之之间朦胧的爱情。

端木蕻良先期到达重庆不久,就应复旦大学教务长孙寒冰的邀请,做了内迁的复旦大学新闻系兼职教授,同时还编辑《文摘》副刊,再加上写作,整天忙得不可开交;本来就不会照顾人,现在就更指望不上。眼看萧红的预产期日益临近,他们不禁为此而焦急。

当时的山城,各方面条件都很差,加上战乱涌来的大批难民,什么都紧张,语言不通更是限制了交流,所以他们一时找不到很好的办法。

情急之下,萧红首先想到的是哈尔滨时期的老朋友罗烽白朗夫妇;他们来到重庆不久后,在江津找到一处房子搬了过去,而且还有罗烽的母亲和他们在一起,这也是个有利条件,免得到时候他们自个儿在这"抓瞎"。

端木也比较信任罗烽和白朗,觉得他们待人一向诚恳可靠,就写信去询问;白朗很快就回信来,欢迎萧红去他们家。

这样萧红乘船去了江津。

1938年11月,28岁的萧红在江津唯一的一家小医院产下一个男婴,数日后夭折;罗烽特写信告诉端木:"产一子,已殂。"端木又写信去安慰萧红,并告诉她,还在找房子,将为她安置一个安静的家,回来即可投入创作……但据端木蕻良后来的回忆，萧红出院后，关于孩子夭折一事从来没跟他提及，也没有过任何的解说，他也就不再多问。

据后来白朗的回忆，萧红在待产前后情绪反常；变得易怒易躁，为一点小事也会发脾气，等到理智恢复，才能慢慢沉默下去……这让白朗非常惊讶，这不是萧红一向的做派。

仔细想想，萧红当时情绪之恶劣并不奇怪，那应该是一种极为痛苦极为复杂的心态所导致。兵荒马乱，悲欢离合，这腹内的胎儿并非是她心之所愿，万般无奈的情况下，眼见得就要出生，她不知道应该如何来面对这个孩子，如何面对他所带来的方方面面，而这其中种种难以诉说的隐痛，又几乎无人能够分担，全都压在她的身上，不能和任何人探讨，探讨也是无用，她无法解脱，更无处逃遁，她处于极度痛苦、极度焦虑、极度无奈甚至是恐惧之中。在这种状况下，教她如何平稳得下来？教她如何优雅得起来？她被这有关的问题折磨得快要崩溃了……

另外还有一种说法是，"从现代医学看来，白朗回忆的内容说明萧红有可能是患了产期抑郁症，国外又称'美狄亚综合症'"，她的一切异样都是这种病症的临床表现。

（曹革成：《跋涉生死场的女人萧红》P248，北京：华艺出版社，2002年3月）

不久之后，萧红出院。出院后，和端木住在歌乐山云顶寺上一个叫"乡村建设所"的招待所里，那里入秋以后没有什么游人，环境不错，有食堂可以吃饭，附近有莲花池，半山腰有一所抗战期间远近著名的歌乐山保育院，比较适于静养和写作。

其他都挺好，唯一对他们造成困扰的是那特别猖獗的耗子，食物等被它们拖得乱七八糟，晚上则更加活跃，那些耗子在顶棚上来回奔跑，有个别的还会从漏洞中掉下来……这足以让自幼就特怕耗子的萧红坐卧不安，她惊恐的尖叫声有时会惊醒梦中的端木；加之端木上班来回太远，且交通不便，他们又想另找房子了。

12月间，日本反战人士池田幸子和绿川英子先后来到重庆，应了池田的邀请,萧红去了米花街小胡同,在那终日见不到阳光的地方,三位女性住在一起,度过了一段比较休闲的日子。据说萧红还带了做旗袍的衣料过去,三个爱美的女性热烈地研讨时尚的款式,最后由萧红动手把它做了起来。当她穿着黑色的丝绒旗袍、手执一株梅花去胡风家探望时,让刚生下女儿的梅志眼前一亮,欣喜异常,对衣服和人都赞不绝口。

池田和绿川,作为异国的进步女性,对"作家萧红"自有与众不同的看法和感受,她们的欣赏和痛惜都是溢于言表;绿川更是永远记着萧红那"响亮的声音"和"巨大的眼睛",且在萧红病逝不久就写下深情悼念的美文(或者是译者译得很美),追忆这一段难忘的时光——

恐怕是汉口陷落后,战局告了一个段落及远隔前线的安闲感中产生出来的吧,我们日里在重庆所具有的享乐生涯中度过,夜里就又落在不与战争相关的闲谈中。在这些场面中,萧便是一个善于抽烟,善于喝酒,善于谈天,善于唱歌的不可少的角色。另一方面,她又常常为临盆期近,不便自由外出的池田煮她所得意拿手的牛肉,并且像亲姐妹一般关心地跟池田闲聊,无所不谈。

可是,这不过是我对她所回忆到的次要的东西。

"进步作家的她,为什么另一方面又是那么比男性柔弱,一股脑儿被男性所支配呢?"

在上海常和她接触的池田,惋惜地,抱不平地对我好几次发过这样的感慨。这是在我的头脑中最为深刻的印象。

我想到微雨蒙蒙的武昌码头上夹在濡湿的蚂蚁一般攒动着的逃难的人群中,大腹便便,两手撑着雨伞和笨重行李,步履为难的萧红。在她旁边的是轻装的端木蕻良,一只手捏着司的克,并不帮助她。她只得时不时地用嫌恶与轻蔑的眼光瞧了瞧自己那没有满月份的儿子寄宿其中的隆起的肚皮——

她的悲剧的后半生中最悲剧的这一页,常常伴随着只有同性才能感到的同情和愤怒,浮上我的眼帘。

……

结婚、生产、苦恼、贫困、疾病、早死——无数的女性所踏过的荆棘的道路,"进步的"作家萧红也背负着十字架走过了的。

享年只有三十几岁的她的死,殊为意外,殊为过早,殊为不应当。

我常常在痛感她的牺牲的生活之余,希望她用抗战的圣火把自己锻炼得钢铁一般。而现在,她的一切痛苦都化为乌有,我的希望也落了空。

一九四二年"七七"的前夜

欧阳凡海译于八月二十五日晨

(绿川英子:《忆萧红》,1942年11月19日重庆《新华日报》《新华副刊》,见《怀念萧红》P56,哈尔滨:黑龙江人民出版社,1981年2月)

1938年12月下旬,塔斯社重庆分社,萧红在端木的陪同下,接受了苏联记者罗果夫的采访。访谈的主要内容是鲁迅与萧红起初的交往,他为《生死场》出版所做的工作,鲁迅在上海的生活处境,鲁迅和瞿秋白的关系,谁是了解鲁迅生平的人选等。

罗果夫的访谈后来被他写入《回忆我收集鲁迅材料的时候》,该文的译文曾载于1981年第15期《文学研究动态》上;在1982年3月出版的《东北现代文学史料》第四辑里,曾以《记萧红的谈话》为题,摘选了其中的有关章节。但现在看来,此文误记甚多,很多说法与事实出入较大;不知原因何在。

1939年4月5日,上海的《鲁迅风》杂志在"乱离中的作家书简"栏目中,刊出了萧红的书信"致×先生",此信写于3月14日,是身在重庆的萧红回复身在"孤岛"的许广平先生。

此前,许广平曾有信给萧红,嘱咐她收集一些重庆纪念鲁迅逝世两周年的有关报刊。由于当时正值萧红的预产期,无法出席有关的活动,后来再收集"因为过时之故,所以不能收集得快,而且也怕不全",所以去信解释。

在同一封信中,不仅是解释和抱歉,还有更重要的想法沟通:为了配合上海的《鲁迅风》,更为了纪念她心中的恩师,他们也想在重庆办一个题名为《鲁迅》的杂志;"因为周先生去世之后,算算自己做的事情太少,就心急起来","名叫鲁迅的刊物,至今尚未出";不仅只是概略地想想,而是已经有着非常具体的设计和打算,"年底看,在这一年中,各种方法我都想,想法收集稿子,想法弄出版机关,即最后还想自己弄钱。这三条都要紧的,尤其是关于稿子,这刊物要名实合一,要外表也漂亮,因为导师喜欢好的装修(漂亮书),

因为导师的名字不敢侮辱,要选极好极好的作品,做编辑的要铁面无私,要宁缺毋滥,所以不出月刊,不出定期刊,有钱有稿就出一本,不管春夏秋冬,不管三月五月,整理好就出一本,本头要厚,出一本就是一本。载一长篇,三两篇短篇,散文一篇,诗有好的要一篇,没有好的不要。关于周先生,要每期都有关于他的文章。研究,传记……"

(萧红:《乱离中的作家书简·致×先生》上海《鲁迅风》第十二期,1939年4月5日)

这份在萧红的心目中非常美好的刊物,最终还是没能出成。那时在国统区,要办一个刊物,须过很多关卡,登记、审批;还有纸张、印刷、发行和投递等方方面面的问题,当然,最重要的前提还是先有足够的财力做支撑;这些都是让萧红望"刊"兴叹的,无论从哪方面说都是力不从心。

这是她成年后在写作之外,极少数自己主动想做的却并不擅长的事情,之所以这般热情地投入,认真地考虑,"要选极好极好的作品","各种方法我都想",除了是对鲁迅知遇之恩的回馈和反哺,恐怕没有别的解释。

国民政府迁都重庆后,沿海及长江中下游众多企业及大批商业、金融、文教及科研机构也随之迁入,苏、美、英、法等30多个国家也在重庆设立大使馆,重庆由一个地区性中等城市一跃成为中国大后方的政治、军事、经济、文化中心。因此,日军自然又将重庆确定为战略进攻的首要目标,鉴于重庆的天然地貌,陆军无法采取有效攻击,最后则决定采用大规模的无区别"战略轰炸"。

1939年5月初,雾季刚过,日军即恢复了对重庆的大轰炸,市中心的大火烧了整整两天;5月3日、4日两天,繁华市区变成一片瓦砾,人们被驱赶到大街上,没有安身之处,辗转在轰炸后硝烟弥漫着的血泊中;在这次被称为"五三、五四大轰炸"的国难中,死伤人数超过5000,是二战中最惨重的平民伤亡。

当时,萧红和端木还住在歌乐山,得以躲过此劫。5月12日,萧红来到被炸后的市区,目力所及,遍地焦土。在不久后写下的《轰炸前后》一文中,萧红用笔记录了侵略者的野蛮暴行。此文分别刊登于1939年7月11日重庆《文摘》战时旬刊第五十一、五十二、五十三期合刊号和1939年8月20日上海《鲁迅风》杂志第十八期：

　　大火的10天之后，那些断墙之下，瓦砾堆中仍冒着烟。人们走在街上用手帕掩着鼻子或者挂着口罩，因为有一种奇怪的气味满街散布着。

　　……

　　无论你心胸怎样宽大，但你的心不能不跳，因为那摆在你面前的是荒凉的，是横遭不测的，千百个母亲和小孩子是吼叫着的，是哭号着的，他们嫩弱的生命在火里边挣扎着，生命和火在斗争。但最后生命给谋杀了。那曾经狂喊过的母亲的嘴，曾经乱舞过的父亲的胳膊，曾经发疯对着火的祖母的眼睛，曾经依然偎在妈妈怀里吃乳的婴儿，这些最后都被火给杀死了。孩子和母亲，祖父和孙儿，猫和狗，都同他们凉台上的花盆一道倒在火里了。这倒下来的全家，他们没有一个是战斗员。

　　[《萧红全集》(中)P935,哈尔滨：哈尔滨出版社，1998年10月]

　　就在这一天，萧红也和重庆市民一起，在凄厉的警笛声中，亲历了躲警报的恐惧和惊险：

　　警报的笛子到处叫起，不论大街或深巷，不论听得到的听不到的，不论加以防备的或是没有知觉的都卷在这声浪里了。

　　那拉不倒的断墙也放手了，前一刻在街上走着的那一些行人，现在狂乱了，发疯了，开始跑了，开始喘着，还有拉着孩子的，还有拉着女人的，还有脸色变白的。街上像来了狂风一样，尘土都被这惊慌的人群带着声响卷起来了，沿街响着关窗和锁门的声音，街上什么也看不到，只看到跑。

　　[《萧红全集》(中)P935,哈尔滨：哈尔滨出版社，1998年10月]

　　她躲在中央公园石阶的一座铁狮子附近，和几位来不及跑进防空洞去的老人一起，互相安慰着，经受着身心的战栗。万幸的是在那一天，公园没有落弹；两小时之后，警报解除，她告别了那几位亲切的老人，离开了公园和铁狮子。

　　但是公园和铁狮子的劫数并没过去——

　　下一次，5月25号那天，中央公园被炸了。水池子旁边连铁狮子都被炸碎了。在弹花飞溅时，那是混合着人的肢体，人的血，人的脑浆。这小小的公园，死了多少人？我不愿说出它的数目来，但我必须说出它的数目来：死伤×××人，而重庆在这一天，有多少人从此不会听见解除警报的声音了……

［《萧红全集》（中）P935，哈尔滨：哈尔滨出版社，1998年10月］

这篇控诉侵略者暴行的散文写于6月19日，最初题名《轰炸前后》；在收入《萧红散文》时，改名为《放火者》。

1939年春，重庆连续遭遇日军大轰炸。

第二节　北碚往事

　　1939年5月间,端木和萧红搬到了嘉陵江畔的黄桷树镇,黄桷树镇与北碚隔江相望,北碚是距重庆西北方向大约50公里的一个市镇,当时从上海西迁的复旦大学就坐落于此。之所以能搬到这里,也得益于复旦教务长孙寒冰的安排。因为端木当时教书、办刊、写作,人分三处,交通不便,往返费时,到北碚后空气新鲜,也适宜写作;美中不足的是远离了耗子的惊扰,又和大量的蚊虫共处。

　　他们刚搬到北碚的时候,教务长孙寒冰和《文摘》的负责人贾开基前来看望,并邀请萧红也到复旦大学兼任一两节文学课,不料被萧红一口回绝,弄得二人颇有些尴尬。

　　她的理由是:

　　教书必得备课,还要把讲义编好。这和写小说散文不一样。讲课时间长了,就会变成"学究",要搞创作也只会写"教授"小说了。有人写小说,就有学究味儿,我不教书,还是自由自在地搞我的创作好。

　　端木知道萧红崇尚的就是自由,觉得她说得也对,就再没提教书的事了。

　　(钟耀群:《端木与萧红》P51,北京:中国文联出版公司,1998年1月)

　　这也是萧红一向的做派,她对创作有宗教般的虔诚,对创作之外的事情兴趣不大,能推就推,她认为自己不擅长的事情干脆就不做,每个人都应该把自己的时间和精力放在自己最想做、最适宜做的事情上,那样才有可能做好。1934年在青岛,她就谢绝了让她编辑《新女性周刊》的邀请,因为当时要写《麦场》等,而这一次,她想写的东西更多了,生怕"学究"气侵蚀了自己创作的灵气和敏感,所以,几乎不假思索就谢绝了。

　　尽管如此,也许是因为端木的关系,在邀请萧红出席讲座的报道中,如当时的《嘉陵江日报》等报刊中,仍会偶尔出现"复旦大学教授萧红"的字样。

　　(李萱华:《"文协"北碚分会简述》,《抗战文艺研究》,1985年一期)

第十二章　山城重庆　179

重庆,北碚,当年内迁的复旦大学旧址。

萧红在北碚的生活是充实的,除了写作之外,她和端木还参加了一些有关活动。

当时的北碚,不仅有内迁的复旦,有来自全国各地的流亡学生,而且还因了重庆的陪都地位,聚集着大批爱国志士和文化名流。那时,"中华全国文艺界抗敌协会"(简称"文协")设在重庆市内,而很多"文协"会员和理事则住在北碚,两处相距虽不算远,但交通相当不便,于是决定在北碚设立"文协"分会;在这种情况下,复旦大学中文系主任陈子展和在复旦兼课的胡风等人发起,适时举行茶会,于1939年9月10日,在北碚黄桷树镇王家花园成立"三峡区文协同人聚谈会";关于这次聚谈会的成立,1939年9月12日的《嘉陵江日报》载有报道:"中华全国文艺界抗敌协会,住三峡区会员,前(十日)下午三时,由陈子展、胡风等发起,假黄桷镇王家花园举行茶话会。……马宗融主席,首由王洁之报告筹备经过,胡风报告总会情况。嗣议决定成立定期谈话会,定名为三峡区文协同人聚谈会。由老向、王洁之两人负责召集。遇需要时,将联络峡区文化界举行联谊会。会末余兴时,以老向之昆曲、陈子展马宗融之笑话最富风趣,五时摄影散会。"

1939年9月10日下午五时,重庆,北碚,黄桷树镇,王家花园,"三峡区文协同人聚谈会"成立合影。
前排左起:端木蕻良、方白、王洁之、陈子展、阜东、萧红、靳以、魏猛克、胡风。
后排左起:马宗融、杨荏甫、老向、胡绍轩、方令孺、伍蠡甫、何容。

关于这张照片有关人员简介如下:
(前排左起)
作家端木蕻良——27岁的端木时任复旦大学新闻系兼职教授。

通俗读物编刊社主要编辑方白——
河北涿鹿人,原名王泽民,当时36岁。抗战初期编写、出版通俗小册子百余种,如《大战平型关》《郝梦麟抗敌殉国》等,受到群众的普遍欢迎。
后在中央研究院设在北碚的一个机构工作。"文革"期间下放农村,家中书籍文稿遭洗劫。1976年患重病,1980年逝世,终年77岁。

电影剧作家王洁之——
当时是复旦大学经济系学生,22岁。此次联谊会就是他和魏猛克筹办的。1949年后主持"重辉商专"校务。1955年在"反胡风"运动中受到牵连。在"文革"期间,又受到冲击,曾被隔离审查,两个子女也受到影响。

后任上海财经大学教授。

陈子展——

41岁的陈子展时任复旦大学中文系主任;本次会议由他和胡风共同发起。

陈子展自1933年春任复旦教授,1949年后一直任复旦教授。

子展为学,严谨自立;为人刚正不阿,恃才傲物,是个颇具魏晋风度的狂人,也许因为这样,他在1957年理所当然地在劫难逃,1960年被戴上了"极右分子"帽子并殃及家人。他利用别人忙于炮制批判文章或撰写检讨的时间,写下学术史上惊人之作——《诗经直解》、《楚辞直解》,这是两部凝聚着陈先生几十年功力与心血的大书。生于湖南长沙县农民家庭的子展,1990年以92岁高龄离世。

陈阜东——

关于她没有更多的资料,只知她是作家"老向"(王向辰)的夫人,抗战初期与老向一起来到武汉;据胡绍轩说,她还是一位"在东北的女作家"。

作家萧红——时年28岁,和端木蕻良一起住在北碚。

复旦教授靳以——

30岁的靳以当时任教复旦中文系。

靳以一生,不仅是成绩斐然的作家;更是一位有献身精神的优秀编辑家。现代文学史上颇具影响力的《文学季刊》(郑振铎主编)、《文季月刊》(巴金主编)等都有他付出的大量心血;享誉国内外的文学双月刊《收获》的创刊,更让他呕心沥血;1959年11月7日被心肌梗死夺去生命,终年50岁,临终还在为《收获》看稿……

杂文家魏猛克——

因胃病正在北碚疗养,时年28岁。这次联谊会就是他和王洁之筹备的。他与同龄的胡绍轩、22岁的王洁之、20岁的王林谷四人是联谊会上的"小字辈"。

半个多世纪的动荡不安,损毁了他的健康,1984年1月3日,终以肺痨并发症不治,终年73岁。灵堂上唯一陪伴他的是一套新版《鲁迅全集》。

文艺理论家——胡风

时年39岁的胡风,应聘在复旦大学主讲《创作论》和《日语选读》。

北碚期间,身为教授的胡风,发扬一贯的编辑情结,勉力支持学生的小型抗战文艺团体,并担任"抗战文艺学习会"顾问,多次给"火焰山文艺社"作演讲,辅导创作。

(后排左起)

复旦大学外文系教授——马宗融

时年47岁,复旦外文系教授,教法语。这时期积极投身抗战文艺和回教救国协会的工作。1949年4月10日去世,终年57岁。

尽管兵荒马乱,上海的回族亲友和文化界朋友还是为他举行了隆重的葬礼,他被安葬在回教公墓。

八十多位知名人士联名为他的子女募集了教育基金;巴金、萧珊夫妇收留并长期照顾了他的一双儿女。

通俗读物编刊社主要编辑杨荏甫——

时年38岁,20年代毕业于北平艺专西化系。在通俗读物编刊社除写稿外,主要负责画插图。1951年在北京,正准备进三联书店工作时,因肺病逝世,年仅50岁。

作家王向辰(老向)——

河北束鹿人,除参加筹备"文协",主编《抗到底》(冯玉祥出资创办的通俗半月刊)外,积极从事通俗文艺如鼓词、小调、抗战童谣等的写作。通俗读物力作是《抗日三字经》,发行十余万册,影响颇大。

老舍、老谈、老向当时并称"三老",结下深厚友谊。他们三位一体,在抗战初期,对通俗文艺的发展,作出了历史性的贡献,其共同点就是极富幽默感,被称为"近代文坛三个卓越的幽默作家"。"表述幽默的方式截然不同,但效果却都是一样。"

《文艺》月刊主编胡绍轩

时任教育部编辑。1957年被错划为右派,1976年落实政策后回到云南省文联。在后来的回忆《现代文坛风云录》中记载他所看到的萧红:"很愉快、很乐观","文艺界的集会,她都参加";受邀和老舍胡风等去"火焰山文艺社"演讲时,"她谈笑风生,受到数十位文艺青年的热烈欢迎"。

著名"新月派"诗人、散文家方令孺——

时年42岁,抗战爆发后来到重庆,任职于国立编译馆,并在国立剧专和复旦中文系任课。

十年"浩劫"中备受迫害。1976年积郁成疾,一病不起,9月30日与世长辞,终年80岁。

伍蠡甫,当时复旦大学文学院院长兼外文系主任,39岁——

学贯中西的文艺理论家和知名国画家。长期担任复旦大学外文系教授、西方文论博士生导师、上海画院兼职画师和故宫博物院顾问,1992年10月病逝于上海,终年92岁。

作家何容(老谈),时年36岁——

同时也是一位通俗文艺理论家兼语言大师;他有着"天下第一校对"的美称,因为在此领域里,他是公认的总把关和最高权威。抗战爆发后,在武汉,和老向同办通俗作品《抗到底》半月刊。"三老"时期主要从事文学创作,是他创作的黄金时期。

1990年7月5日在台北病逝,享年87岁。

另有摄影家、文学爱好者王林谷——

林谷也同时与会,而且是他拍下了这张珍贵的照片;遗憾的是他自己未能进入镜头。

林谷家境贫寒,早年失学。1938年随商行西迁重庆,开始了业余创作;1949年以后,在重庆陶行知创办的育才学校工作,在汇集作家、诗人、音乐家和画家的环境中,开始了人生的新里程;林谷历任天马电影制片厂副厂长、上海电影制片厂文学部主任、副厂长等职。1995年逝世,终年76岁。

萧红在北碚还参加了许多文艺活动。

当时北碚社会上也有不少文艺团体,"火焰山文艺社"是其中比较突出的一个;有时它除了自办的《火焰山文艺壁报》外,也组织展览会和报告会,影响较大。有时也请靳以、胡风、萧红、老向等人,给他们作演讲,辅导他们的创作活动。《嘉陵江日报》曾以"火焰山文艺社昨请老向萧红讲演"为题报道:"火焰山文艺社,为扩大文艺宣传之影响,故社员等积极学习写作方法,研究写作技巧,除自行编辑刊物等外,并欢迎区内文艺界名人讲演。昨日该社邀请教育部民众读物组主任、复旦大学教授萧红,中央日报副刊主编等讲演,于午后一时假北碚小学举行,届时参加听众颇多,情况热烈,迄三时后始毕会云。"

(李萱华:《"文协"北碚分会简述》,《抗战文艺研究》,1985年第一期)

萧红参与最多的还是复旦大学学生组织的有关活动。

学生中文学爱好者组织的"课余读书会"、"抗战文艺习作会"等,蔚成了复旦校园浓厚的文学风气。

"抗战文艺习作会"是复旦内迁初期规模最大的学生文艺团体,会员众多。该会聘请胡风、靳以为顾问。主要活动是组织会员研读文学作品,展开文学理论的研讨。开展或参与各种抗日宣传活动,如群众歌咏、游艺会,组织演剧队走上街头、深入农村和矿区做宣传演出等,活动很频繁。他们经常举行晚会,邀请住北碚作家演讲。有一次,"抗战文艺习作会"在黄桷镇登瀛桥头的黄桷树下,举行规模盛大的营火晚会,靳以、胡风、端木蕻良、萧红、陈子展、马宗融、梁宗岱等均自始至终参加并讲了话。

对这些有关活动一往情深的记忆,保留在苑茵文情并茂的散文中。

苑茵当时是复旦大学学生,她从东北流亡到北平,又随着战火的烽烟,从华北到华中;最后沿着长江流域来到嘉陵江边的重庆。在复旦校园,她是"抗战文艺习作会"宣传组负责人;和萧红连在一起的北碚往事,直到晚年还记忆犹新——

当时学校里除了上课的教室外,既没有大礼堂,也没有会议室,因此我们开会只能选择月明之夜,坐在竹林边空旷的原野上进行讨论。

我记得在一个中秋的夜晚,明月皎洁,晚风徐徐,"抗战文艺习作会"的会员燃起一堆篝火,围成一个大圆圈,席地而坐,展开讨论。

当晚讨论的作品是鲁迅先生的《狂人日记》和《阿Q正传》,参加的客人中有文学院的几位教授,但给学生留下深刻印象的,是来到现场的两个女作家。

年纪较大的一位是和我们朝夕相处的教我们近代小说和文学,被我们这批流亡学生当做母亲一样爱戴的方令孺老师。另一位比较年轻,大约三十多岁,外表朴素而文静,沉默寡言,头上梳着刘海发型,坐在我们中间并不引人注意,她就是《生死场》的作者萧红。由于她也是东北人,我和她无形成了很亲密的朋友,因为我们都有共同有家归不得流亡的经历和苦痛。我曾读过萧红的作品,她的作品给了我不少的启发和勇气。现在我们坐在一起,我们这一群人又把她像姐姐一样地爱慕。夜静了,燃着的篝火渐渐微弱,大家提议,我们共同高唱"流亡曲"。我记得在那悲伤高亢的歌声中,我不知不觉地倒向她的怀里,她温柔的手抚摸着我的头发,又用一条手帕擦去我的眼泪,说:"不要悲伤,我们总有一天会打回老家去的。"

她住在黄桷树镇王家花园的一间小屋子里,这房子离我住的女生宿舍只要几分钟就可以走到。从那次晚会以后,我们几乎每天都见面。有时她寄信或过江到北碚买东西总要邀我陪她同去。后来我发现她脸色淡白,时常干咳,身体虚弱无力,已经有肺病的象征,但她每天除了写作,还得做家务,很少休息。当时的物价飞涨,更谈不上治疗和营养,我时常对她说:"我多么想分担你的劳苦,让你休息一下。"她总是说:"你分担不了,你要读书,你有你的任务,那也同样重要。"

后来她离开了黄桷镇,据说去香港了。我们从此再也没有见面,但我永远忘不了她。

(苑茵:《忆黄桷树和萧红》,上海《新民晚报》,1983年8月19日,第五版)

第三节　隽语常思鲁迅翁

大约在这前后,萧红已经着手写作系列回忆鲁迅先生的文章,因为先生三周年的忌日快到了。这样的写作既是她的个人心愿,也是应多家报刊杂志的稿约。

鲁迅逝世时,萧红人在东京,她的哭声不能和大家的哭声"混在一道",但有一篇《海外的悲悼》遥寄哀思。

鲁迅周年祭前夕,正值淞沪抗战爆发后的混乱,在基本上忙完《鲁迅先生纪念集》之后,他们匆匆告别上海前往武汉,所写文字仅有两篇不长的散文:《在东京》记的是作者在日本,对鲁迅的噩耗从惊惧到确认的过程,和一些个不调配的人,"以及鲁迅的死对他们激起怎样不调配的反应",《在东京》一文1937年8月写于上海,10月16日登载于胡风主编的《七月》第一卷第1期,刚刚在武汉复刊的这一期《七月》,即为"鲁迅先生逝世周年纪念特辑",此文1940年收入《萧红散文》时,篇名改为《鲁迅先生记》(二);《万年青》一文通过记述鲁迅家一种"四季里都不凋零的植物"表达对先生的缅怀,1937年10月18日首刊于武汉的《战斗》旬刊第一卷第4期,《战斗》旬刊由孔罗荪、锡金和冯乃超主办,而这一期恰是《鲁迅先生周年祭特辑》;此文1940年收入《萧红散文》时,篇名改为《鲁迅先生记》(一)。

1938年10月,是鲁迅先生的两周年祭,萧红当时即将临盆正在江津待产,身不由己,无法参加纪念活动。

眼看就是三周年了,萧红心中的思念和忧伤与日俱增;想到自己三年来经历的生活剧变,在这相对安静的大后方,上海往事不断涌现在脑海中,与先生一家相处的情景不时浮现,先生生活中的一些细节经过时间的过滤,竟然也变得越发清晰,挥之不去,她沉浸在这种对往事的重温之中,有相知相惜的温暖和大爱,也有生离死别的哀恸与怅憾……

悠悠岁月,荡不尽绵绵心痛。

那一段时间,她的身体情况依然不是很好,产后的虚弱尚未完全恢复,又出现了肺病的症状,物价飞涨,营养不良,怕精力和体力均不争气耽误截稿的时间,就请了当时复旦大学的学生姚锛帮忙做部分记录。据姚锛后来的回忆,他们连续几天,"在黄桷树镇嘉陵江畔大树下的露天茶馆,饮着清茶,她望着悠悠的江水,边回忆边娓娓动听地叙述着她在上海接受鲁迅先生教益的日子。我边听边记,她根据我的记录,整理成文"。

(丁言昭:《萧红传》,南京:江苏人民出版社,1993年9月)

流经北碚的嘉陵江。

多年之后,我们一读再读这部《回忆鲁迅先生》,依稀还能感觉到它仍然保留着一点口述文学的痕迹。

1939年9月22日,回忆散文《鲁迅先生生活散记——为纪念鲁迅先生三周年祭而作》完成,10月1日,《鲁迅先生生活散记》载于重庆《中苏文化》第四卷第3期;10月14日起,该文又以"本报特约稿"连载于新加坡《星洲日报》副刊《晨钟》,当时主持《晨钟》副刊的郁达夫为此撰写了附言云:"本篇系编者向重庆特约萧先生为纪念鲁迅逝世三周年纪念所作之稿件,本拟于十九日专号上发表,但因全文过长,一两次登载不了,故先期披露。萧先生所记者,系鲁迅晚年的生活,颇足以补我《回忆鲁迅》之不足,请读者细细玩味,或能引起其他更多关于鲁迅的记述,那就是我的希望了。"

10月18—28日,《记忆中的鲁迅先生》刊登在香港《星岛日报》副刊《星座》第427—432号。

10月20日,《记我们的导师——鲁迅先生的生活片断》(回忆录),发表于桂林由叶圣陶主编的《中学生》战时半月刊第10期。

11月1日,《鲁迅先生生活散记》刊于武汉出版的《文艺阵地》第4卷第1期"鲁迅纪念特辑"。

12月,《记忆中的鲁迅先生》易名《鲁迅先生生活忆略》,发表于上海出版的《文学集林》第2辑《望——》;也许读者和编辑都太喜欢这篇文章了,稍后不久,1940年6月10日,《鲁迅先生生活忆略》又被上海《艺风》杂志第二期全文转载。

《回忆鲁迅先生》的整体完稿,大约在10月下旬;书中的大部分内容,都已在以上的篇目中发表过;她把整理好的稿子寄往上海,请许广平先生审订。当时重庆的妇女生活社有意要为它出单行本,但萧红觉得这个小册子有点单薄,就征得正在重庆的鲁迅好友许寿裳先生的同意,把他此前所写的《鲁迅的生活》一文也收编进去;后又征得许广平同意,把她的《鲁迅和青年们》也收入了其中。

此外还附有貌似作者所写的后记云:"右一章系记先师鲁迅先生日常生活的一面,其间关于治学之经略,接世之方法,或未涉及。将来如有机会,当能有所续记。"

关于这个后记,端木后来的诠释证实了其中的说法并非萧红的本意:

《回忆鲁迅先生》编好时,萧红要我用她的名义代她写一篇后记,我记得,里面曾有过这样的话:……关于鲁迅先生治学、思想等方面,等将来有机

第十二章　山城重庆

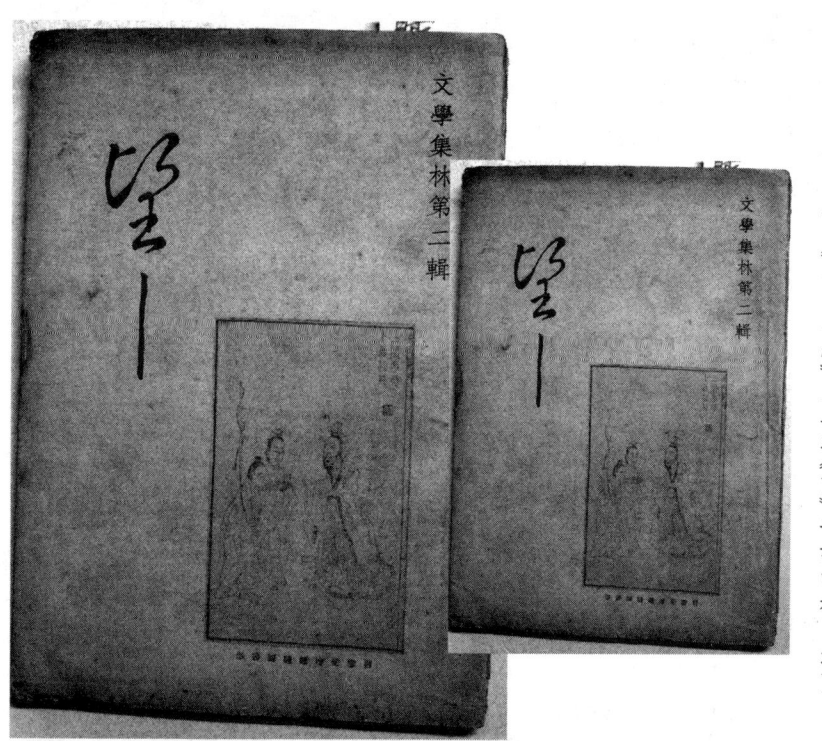

1939年出版的《文学集林》第二辑《望》之封面和目录页。

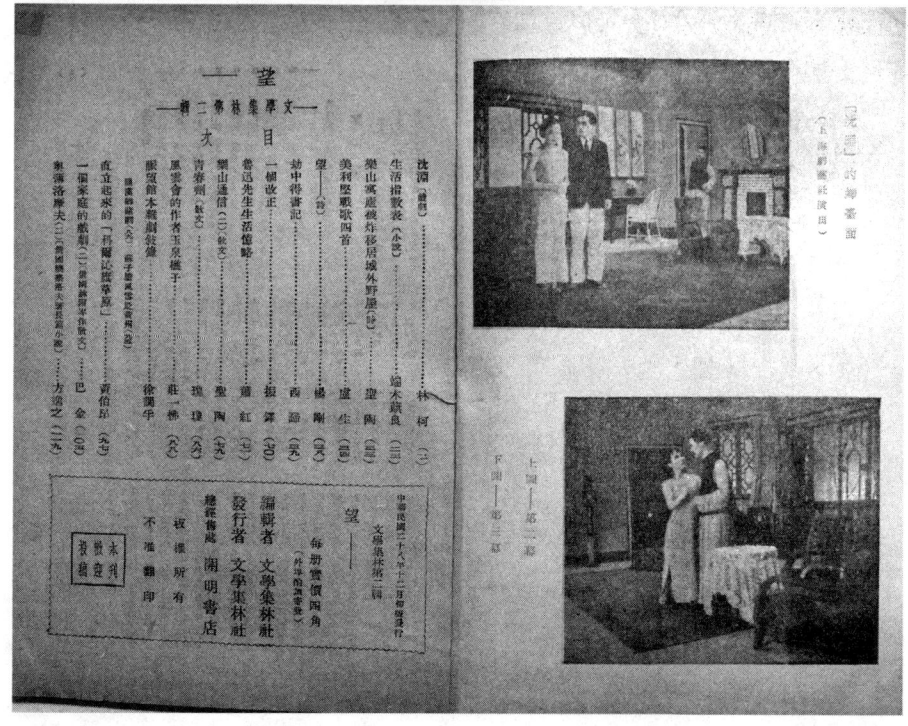

会时,容再续写。我写这几句话时,也是受到寿裳先生的启发才写的。但是,萧红不同意。她说,我怎么敢这样说呢?她要我把这话删去。我说,个人有个人的感受和理解,把个人的感受如实记录下来,对将来研究鲁迅先生的人,还是能提供一些有参考价值的资料呢。许寿裳先生也说不要删,将来写续篇时,知道多少说多少,知道什么写什么,怎样理解就怎样写,读者还可以从你的理解中多得到一些看法呢。所以还是没有删去。

(端木蕻良:《鲁迅先生和萧红二三事》,北京:《新文学史料》,1981年第3期)

通过这样的"一件小事",我们约略可以看出萧红品质之纯净,做人之低调;这种严谨和扎实,不夸饰,不虚美,也多半得自于鲁迅的真传。这只能是具有高贵灵魂之人长期修炼才能得到的一种境界,急功近利的世俗之辈断难望其项背。

《回忆鲁迅先生》一经问世,久盛不衰;自鲁迅病逝上海七十余年,回忆和怀念文章可谓汗牛充栋,但这篇《回忆鲁迅先生》无疑可在其中执牛耳;在现代文学怀人文章这个小小的百草园里,它也堪称花中魁首。

无与伦比的细节描述,带我们走进了大陆新村,那里有——

鲁迅先生的笑声;
鲁迅先生的走路;
他对衣饰的见解;
深夜送客嘱咐许先生付车钱;
喜欢北方饭;
大人包水饺时在旁闹得起劲的海婴;
和许广平互通早年的艰辛;
贩卖精神私货的"商人";
鲁迅先生的穿戴习惯;
许先生忙着家务跑来跑去;
夜间看完电影等车,先生坐在路边和一个乡下的安静老人一样;

先生家不同用途的两种纸烟；

先生的休息就是翻一翻书,往往彻夜工作；

喜欢吃一点酒,多半是花雕；

不信鬼的故事；

不轻易否定海婴的说法；

亲自动手包书,把绳头都剪得整整齐齐；

先生的卧室,写字台,极普通的台灯；

热闹的厨房；

客厅的书架；

海婴公子的玩具橱；

先生病了,"目力是疲弱的,没有一些呻吟",自己忍着不说；

许先生哭了；

许先生穿的衣裳都是旧的,纽扣都洗脱了,买东西总是到最便宜的店铺去买；

处处俭省,把俭省下了的钱,都印了书和印了画；

海婴在玩一大堆黄色的小药瓶；

七月里,鲁迅先生又好些；

又过了三个月,病又发了,又是气喘；

十七日,一夜未眠；

十八日,终日喘着；

十九日的下半夜,人衰弱到极点了。天将发白时,鲁迅先生就像他平日一样,工作完了,他休息了。

用了这样长的篇幅来回忆晚年的鲁迅,对先生的思想、治学、政治主张和影响力等"大"的方面却避而不谈,文中所述,除了细节还是细节,都是些上不了台面的"小事",把"大陆新村九号"内中场景一一写活,呈现给读者的,是一个还原了的人间鲁迅,凸显的是一个立体的活的鲁迅,这种细致入微的观察和记忆,这种还原和凸显,全凭萧红的法眼,无人可以匹敌。某种程度来说,鲁迅先生只有在这篇文章里才是立体的、鲜活的、血肉丰满的；或者说,他活在萧红隽永的文字里。

此忆完全是大家手笔。不加任何修饰的文字,结实饱满,充满着原生态独具的活力和张力;从容不迫的叙述风格,简约大气,温暖和亲切扑面而来。通篇不着一个"爱"字,却备感一往情深;不闻呼天抢地的悲声,深植骨髓的思念和忧伤却长驱直入却直抵内心;如今,这篇至美的怀人至文,它穿越了七十多年的时空隧道,依然发散着钻石般醉人的光芒。一读再读,依然令人动容。

那里有最真挚的情感,最虔诚的感恩,那是心思极重的萧红用慧心、用妙笔、用源自心泉的血水和泪水编织的,奉献于先生灵前的最最素洁的花环!

萧红有幸:短暂而饱受苦难的一生中,在永久"憧憬和追求"着"温暖"和"爱"的旅途中,曾那样近距离地接触过"一个时代的全智者的催逼"。

先生亦当含笑:最初看好的"满洲姑娘"虽伤痕累累却终成大器,未曾有负他的期许和厚爱!

鲁迅与萧红,成就了现代文坛一段佳话;他们的往还时间虽短,"咫尺天涯皆有缘,此情温暖人间"。

1939年对萧红来说,是相对安定的一年,她在相对安静的环境和相对安静的心境中,写出了为数不少的有分量的作品,形成了个人写作史上继1933年和1936年之后的又一个创作高峰,其中最引以为慰同时也最引以为豪的文字,当属这部可以传世的《回忆鲁迅先生》。

第四节 离川赴港

这种难得的安宁不久又被空袭警报所断送。

继"五三、五四大轰炸"之后,日军的空袭目标就从市区向周边郊区蔓延,1939年下半年,北碚一带逐渐成了重点轰炸区,这是因为据说日军情报机构探测到北碚似有一个国军的弹药库。

萧红和端木蕻良本就耽于写作,对不断响起的空袭警报已不那么敏感,往往等到有同事来敲窗催促,他们才夹着稿子出来;出来之后也还是在写,"有时就在山坳摆的小茶摊上边躲警报边写作,或是在山坡旁的大树下靠着,把纸放在膝盖的硬板上写作"。

(钟耀群:《端木与萧红》P60,北京:中国文联出版公司,1998年1月)

渐渐地,敌机不仅是白天来炸,并且加强了夜袭,晚上往往并不投弹只是盘旋骚扰,俯冲的轰鸣声震耳欲聋。

就这样一日数惊,昼夜不宁,时刻准备着往外跑,随时都会有警报声,日常生活和作息都完全乱套,人们处在极度恐慌和极度疲惫中,精力和体力均已透支,特别是体质本来就虚弱的萧红,承受力已达到极限。

在这种情况下,离开重庆,寻找新的安身之处的问题就摆在了议事日程上。

首先是,去哪里?

当时他们有两种选择,一是桂林,一是香港。

武汉沦陷后,大批文化人分流到了重庆和桂林,舒群、艾青和鹿地亘等人已在那里,端木就考虑是不是他们也去桂林;但萧红有不同意见,她觉得战火或许还会再向西南蔓延,桂林若再遭受空袭,还要奔波转移,身体实在吃不消,也无法安心写作,不如直接到香港去,能待较长时间,能有相对的和平安宁;他们当时和香港已经建立了联系,两人均有作品在港发表,而且端木的两部长篇《大江》和《新都花絮》即将开始在港报连载,生计也不成问题。

端木还有一个顾虑就是觉得内地的抗战正热火朝天,此时转去香港是否合适,是否会引起别人的误解;萧红则认为作为一个作家,在战时能写出好的作品来就是对抗战的贡献,其他都不重要。

他们还就此征求了朋友们的意见。华岗离开《新华日报》之后正在重庆乡下"养病",萧红和端木专门去看望他,他在综合分析形势特别是萧红的身体状况后,认为桂林也很难保,因此支持他们去香港;在和复旦教务长孙寒冰讨论时,他也表示了支持,并说复旦大学已在香港设立了大时代书局,到港后可住书店的楼上,并希望端木帮着编辑一套《大时代文艺丛书》。

就这样，尽管端木在当年年底刚刚拿到复旦大学全职教授的聘书，他们还是决定离渝赴港。

当时从重庆去香港最快的方式就是走空路，但机票非常紧张，往往要等一个月左右，1940年1月14日，他们进城去托了朋友订票，谁知却是意外的快捷，搞到了两张1月17日的机票，是给别人预留的机动舱位；这时，一切计划都被打乱，一切都有些个来不及，他们甚至连自己随身的东西都没能收拾，更是把家里租房、辞退保姆等琐事托给了别人，在多数人不知情的情况下，匆匆离去。

1940年年初，飞往香港之前，萧红和早年的朋友张玉莲相逢在重庆。

第五节　嘉陵江的烟波

从1938年9月下旬到达重庆，到1940年1月17日离开重庆，萧红在重庆的日子不满一年零四个月。这期间，经历了幼子的夭殇；接受了塔斯社重庆分社苏联记者罗果夫的访问；与重庆市民一起亲历大轰炸，目睹现场，写下控诉侵略者罪行的《轰炸前后》等文；筹办一个纪念鲁迅的刊物未遂；参加了"中华全国文艺界抗敌协会北碚分会"暨"三峡区文协同人聚谈会"；多次出席复旦大学学生文艺社团和北碚社会上一些社团的活动并演讲……

此外，专心著述，收获颇丰，除《朦胧的期待》、《逃难》、《山下》、《梧桐》等篇目，为配合鲁迅逝世三周年的纪念活动，写下了不朽的杰作《回忆鲁迅先生》。

重庆、北碚，是萧红在祖国内陆最后的停泊地，在民族多难的峥嵘岁月里，雾都山城留下她的足迹，她不甚康健但却勤奋创作的身影，也恒久地映入嘉陵江的浩渺烟波里。

第十三章　香港——最后的停泊地

第一节　忙碌在港九

1940年1月17日,萧红和端木蕻良乘坐的航班抵达九龙启德机场。

到港后,他们暂住九龙金巴利道诺士佛台三号孙寒冰处,此处离大时代书店不远;不久后为工作之便,又搬到乐道8号,那里与大时代书店为邻。

刚安顿好,就有一位高高大大的客人不期而至,待得自报家门,方知此人叫"戴望舒";因为之前已有文章在他主持的《星岛日报》"星座"副刊登载,所谓神交已久,因此一见如故,一起出去吃了饭;第二天早上,戴望舒又专门来接萧红和端木到他所住的"林泉居"做客,并欢迎他们搬过来一起住;"林泉居"的环境幽雅,很适合写作,他们也喜欢这个地方,只是每天上下都要爬一段山路,当时端木腿部的风湿病又犯了,不良于行,只好辞谢。

他们的到港,引起岛内文化界的注意,他们参加了一系列的文化活动。

2月5日晚,"中华全国文艺界抗敌协会香港分会"(简称"香港文协")在大东酒店举行聚餐会,欢迎这两位知名作家到港;有关人员四十余人出席,由林焕平主持。"会员相互介绍后,席间由萧红报告重庆文化食粮的恐慌的情形,希望留港文化人能够加紧供应工作。端木蕻良报告新都文坛的一般情形,特别指出重庆文艺界之团结一致,刻苦忍耐精神。最后并谈及重庆生活程度的高涨,作家要求提高稿费运动,宪政运动在文艺界的反映情形等,九时散会。"

(香港:《立报》,1940年2月6日)

3月初,在香港的几所著名女校,联合成立了"纪念三八劳军游艺会"筹备委员会,该会在3月3日晚,假坚道养女子中学举行座谈会,讨论"女学生与三八妇女节",会上邀请了部分妇女界的杰出人士,萧红和廖梦醒等一同出席。

4月中,萧红和端木蕻良以"中华全国文艺界抗敌协会"会员身份,登记成为"香港文协"分会会员。

4月10—25日,小说《后花园》在香港《大公报》副刊"文艺"、"学生界"连载,这是《呼兰河传》第七章的雏形,是其重要的组成部分。

原来在广州的岭南大学因沦陷而迁港,迁港后岭大师生组织了"艺文社",除编辑《艺文专刊》发表师生作品外,还举办座谈会,邀请在港的知名作家到会,以提高师生对文艺的兴趣和认识。5月11日,他们举办第一次文艺座谈会,即邀请南下不久的萧红和端木蕻良主持,并讲演抗战和文艺问题;5月29日,由当时在场的"艺文社"成员郑树成撰文,《艺文专刊》以《关于抗战文艺的几个问题》为题,刊布了当日的座谈讲演记录;这虽然不是他们的正式发言稿和详细记录,但也能从中看出他们谈话的重点,仍然是秉持一贯倡导并践行的现实主义创作理念。该报道说:

萧红先生演说颇长,在下面只做简明的记录,演词略谓:
在抗战的今日,我们应该努力,互相批判地写作。我们的文艺作品,应该比之普通人的常识更为深刻。
文学除了纠正现实之外,还要改进现实。
作家未到过战场可以写作品吗?可以的。在后方的现实只要我们能深入地反映也同样有价值,因为抗战影响了全中国每一个角落。譬如香港吧,香港不是有很多人在做救国工作吗?他们的工作也是与抗战有关的。
对于自己生活的阶层较为熟悉的,你也可以去写的。
我们要看清楚目前,但不要不注意过去。
(香港:《岭南周报》第42期《艺文专刊》,1940年5月29日)

此外,他们还就文艺的公式化问题、软性文艺问题、文艺可否用方言问题和关于诗歌写作等问题发表了自己的看法。更为可贵的是,当日的报道中还有一幅署名"TD"的现场素描插图,再现了萧红和端木蕻良与师生座谈的情景,他们一个身穿旗袍,一个西装革履,同坐一张长椅,分别和不同的学生交谈,神情专注,意态从容。

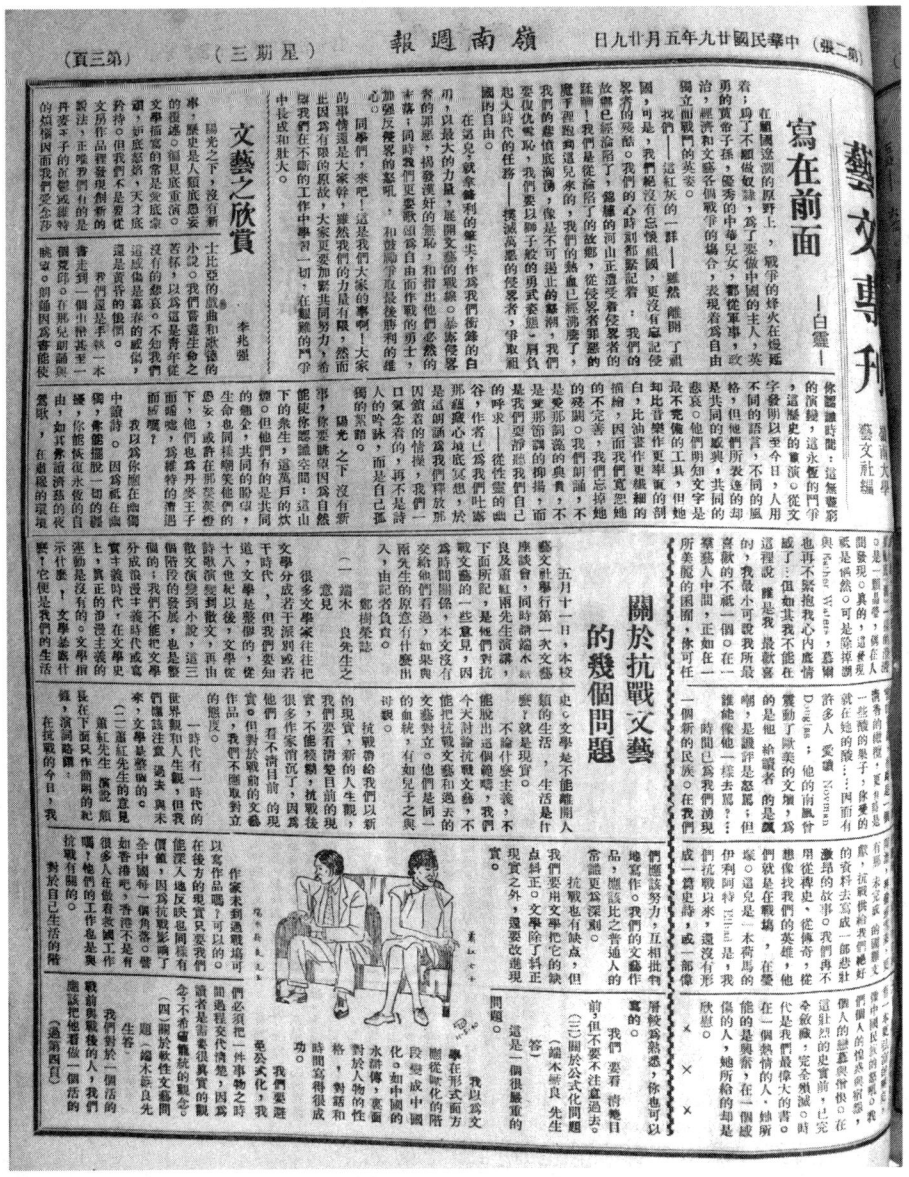

当天的报道和插图,香港《岭南周报》第42期《艺文专刊》,1940年5月29日。

12日,萧红夫妇出席香港文协与"中国文化协进会"联合举办的"黄自纪念音乐欣赏会"。

1940年5月27日,几十架日机轰炸北碚复旦大学所在地,教务长孙寒冰等百余人被炸身亡,大时代书局另一位负责人、《文摘》主编贾开基身负重伤;消息传来,他们深感震惊和悲痛,端木写下《悼寒冰》一诗,遥寄哀思。

在参与各种各样活动的间隙,他们也在做着自己的事情,端木蕻良开始着手编辑"大时代文艺丛书",萧红开始《马伯乐》等的创作。

尽管此时交游很广,但多是一些浮光掠影的忙碌,待他们从最初的忙乱中稍稍沉静下来之后,两个初到异乡的东北人对南国的环境和气候依然不太习惯,所以还是感到寂寞;加上写作和社会活动带来的疲惫,和广东保姆语言也不通等原因,更是"因为没有推心置腹的朋友",他们都感到了很大的不适,甚至萌生了返回内地的想法,萧红到港不久写给白朗的信中,就已出现"我将尽可能在冬天回去"的字样。

虽然在4月就写出了《后花园》并已在《大公报》副刊连载,但她的情绪却还是稳不下来;6月24日,抵港半年的萧红首次致函在重庆的华岗,信中提到上海方面要扩大纪念鲁迅六十诞辰,端木在写文章,她也准备写;此外还谈到她当时的状态:

我们虽然住在香港,香港是比重庆舒服得多,房子吃的都不坏,但是天天想着回重庆,住在外边,尤其是我,好像是离不开自己的故土的,香港的朋友不多,生活又贵。所好的是文章到底写出来了,只为了写文章还打算再住一个期间。

……

我来到了香港,身体不大好,不知为什么,写几天文章,就要病几天。大概是自己体内的精神不对,或者是外边的气候不对。

(《萧红、端木蕻良在香港期间致华岗的信》,《萧红研究》——《北方论丛》丛书第四辑P8,哈尔滨师范大学北方论丛编辑部,1983年6月)

第十三章 香港——最后的停泊地   199

华岗是萧红和端木在香港期间,和内地联系最多也相知最深的朋友,他在7月1日接信后马上回复,对他们的犹豫不决表示理解和认同,所以又有下面萧红7月7日和端木7月9日的前后回信,都在很正式地讨论怎么"走路"的问题:

> 正如兄所说,香江亦非安居之地。近几天正打算走路,昆明不好走,广州湾不好走,大概要去沪转宁波回内地。不知沪上风云如何,正在考虑。

(1940年7月7日萧红致华岗)

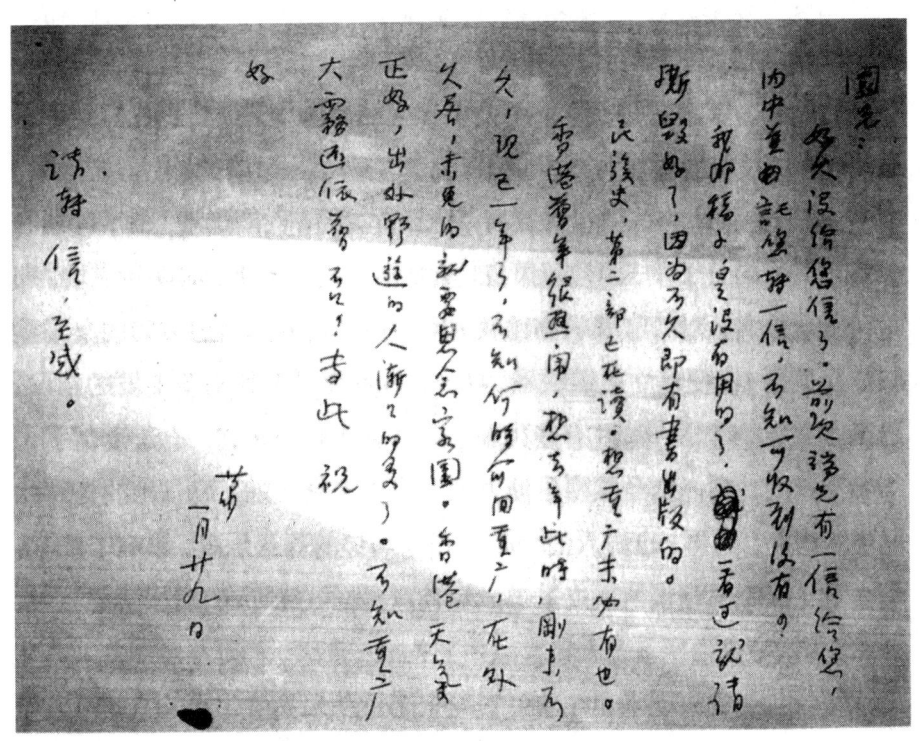

萧红、端木蕻良在香港致华岗的信。

> 弟本欲去昆明,但以此路已断,随觉桂林亦佳,因彼处有宋云彬、艾芜等友,唯需经沪转甬才能去,故尚不能定。
>
> 弟如离港,当专函奉告,请即回信,以免悬念。

(1940年7月9日端木致华岗)

(《萧红、端木蕻良在香港期间致华岗的信》,《萧红研究》,《北方论丛》丛

书第四辑P10,哈尔滨师范大学北方论丛编辑部,1983年6月)

1940年,最是国际局势动荡不安、扑朔迷离的年头,国际问题专家集中讨论的问题就是:"日本南进乎？北进乎？"弄得香港的氛围也成了疟疾似的,这也直接影响了萧红和端木的生活,使他们在"走"和"留"之间彷徨摇摆,举棋不定;萧红的朋友张梅林后来回忆说:"每次空气紧张,萧红即来信说正在购飞机票回重庆,希望能给先找便房子。但紧张空气一过,她又延宕下来,以长篇《马伯乐》未完成和有病为理由。"

(梅林,《忆萧红》,见《怀念萧红》P60,哈尔滨:黑龙江人民出版社,1981年2月)

所以,在后来的信中,我们又看到了这样的内容:

香港似又可住一时了,您的关切,我们都一一考虑了。远在万里之外,故人仍为故人计,是铭心感切的。

(1940年7月28日萧红致华岗)

香江并不似重庆那么大的雾,所以气候很好,又加住此渐久,一切熟习,若兄亦能来此,旅行,畅谈,甚有趣也。

(1941年2月14日萧红致华岗)

(《萧红、端木蕻良在香港期间致华岗的信》,《萧红研究》,《北方论丛》丛书第四辑P11—16,哈尔滨师范大学北方论丛编辑部,1983年6月)

终于留了下来。与此同时,也还是在不断地写作。

1940年6月10日,李蒙伽主编的上海《艺风》杂志第二期全文转载了《鲁迅先生生活忆略》。

6月28日,写作书评《大地的女儿——史沫特烈作》;6月30日《大地的女儿——史沫特烈作》载香港《大公报》副刊"文艺综合"871期。

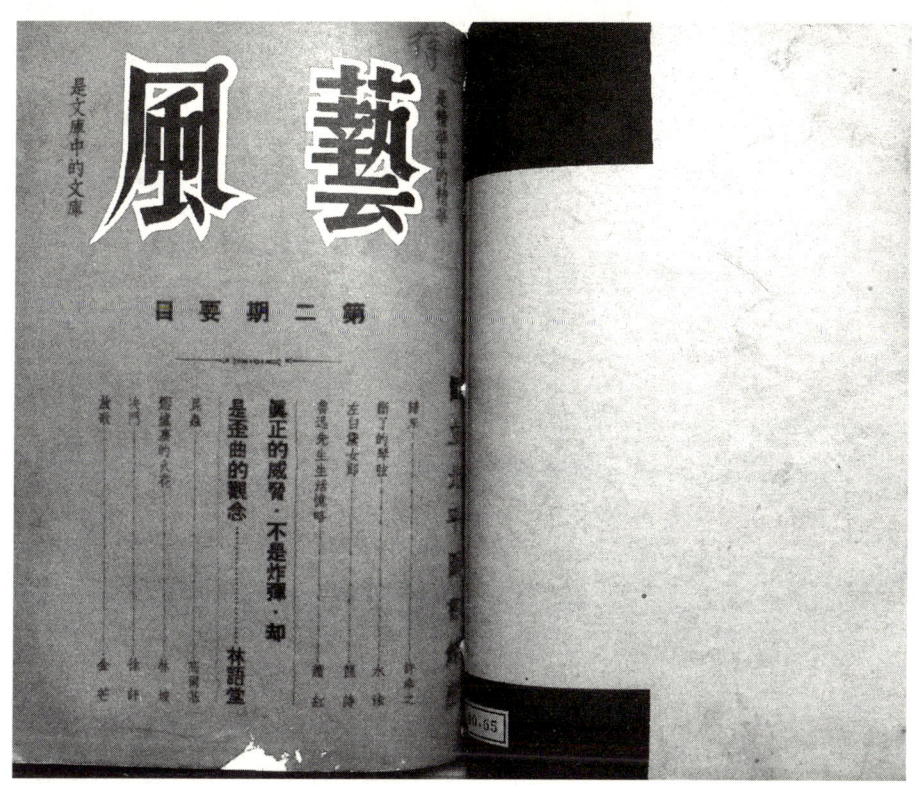

1940年5月,李蒙伽创办了号称"是文库中的文库,是精华中的精华"——《艺风》杂志。

1940年6月10日,李蒙伽主编的《艺风》杂志第二期全文转载了萧红的《鲁迅先生生活忆略》。

大约在这一年的6、7月间,长篇小说《马伯乐》(上篇)脱稿。

第二节 那个时代的最强音

1937年年底上海沦陷后,香港成了文化人的避难地,他们从上海、广州、重庆、武汉相继辗转到港;因此,那曾是"文化沙漠"的英属港九,在内地战火纷飞的背景下,演绎出前所未有的文化繁荣——

茅盾主编《文艺阵地》;

金仲华主编《世界知识》;

戴望舒和叶灵凤主编《星岛日报》"星座"副刊;

张光宇主编《星岛日报》画刊;

郁风主编《耕耘》杂志;

萨空了主编《立报》;

爱泼斯坦为保卫中国同盟主编《新闻通讯》;

黄苗子担任《国民日报》经理;

叶浅予肩负着郭沫若主持的政治部三厅的使命,在香港主编和出版《今日中国》;

丁聪参加马国亮和李青主编的《大地》画报并兼《今日中国》的编务;

杨刚在《大公报》、白望春在《香港日报》工作;

蔡楚生和司徒慧敏制作了《游击进行曲》《孤岛天堂》等一系列抗日电影;

徐迟、冯亦代虽在中国保险公司和中国银行工作,但兼职《星报》电讯翻译,他们和同在中国银行任职的诗人袁水拍,都与文化界关系密切,年轻的乔冠华已经开始凭借国际评论崭露头角……

文化群英会聚香江,上演了不少连台好戏,其中规模最大、最具影响力的,当属纪念鲁迅先生六十诞辰的系列活动。

生于1881年的鲁迅先生,1940年是59周岁,但是中国民间有做虚岁的习惯,因此就策划并发起在这一年隆重纪念先生的花甲冥寿;先生的诞辰之日本是阴历八月初三,由于民国时期已不用阴历,所以上海文化界人士征得许广平同意后,准备在阳历8月3日举行有关的活动,沪外各地也就照此办理。

与此有关的种种活动,也是萧红和端木在港期间参与最多、投入最多的一项盛事。在那之后,他们专心写作,参加的社会活动少之又少。

1940年7月,那一部为先生三周年祭而写的《回忆鲁迅先生》,由重庆妇女生活社出版了单行本,已是奉献给先生六十诞辰的一份厚礼。

为使纪念活动开展得更丰富多彩,当时的文协理事、香港《大公报》文艺副刊编辑杨刚找到萧红,提议由她写一部关于鲁迅生平的剧本,在纪念晚会上演出;起初萧红有些犹豫,怕难当此重任,怕没有把握,后来在端木和朋友们的鼓动下接受了任务,开始写作哑剧剧本《民族魂》。

在写作的过程中，萧红采纳了端木的部分创意，因为端木早年在南开中学就有过话剧创作的经验。所以，很大程度上来说，这个哑剧是他们二人共同创作的一个作品，以萧红为主，但不可否认端木蕻良的贡献与付出，最后还是由萧红定稿。

关于为什么采用哑剧形式的动机，当时香港文协"戏剧研究组"负责人冯亦代曾撰文指出，因为哑剧"以沉默、庄肃、表情动作的直接简单取胜，最适宜于表现伟大端严，垂为模范的人格。以它来再现鲁迅先生，似乎能于传达先生的崇高以外，更予观众一种膜拜性的吸力，使先生生活史的楷模性，更能凝定在我们后辈人的生活样式里面。因此便决意把它实现了"。

（冯亦代：哑剧的试演《民族魂——鲁迅》，香港《大公报》，1940年8月11日）

但是这个"费几昼夜的工夫完成了一个严密周详的创作，可惜限于文协的经济情况，人力与时间的局促，这剧本竟不能与观众见面。而由文协和漫协同人参照了萧女士的意见，写成了这一幕四场的哑剧"。

（冯亦代：哑剧的试演《民族魂——鲁迅》，香港《大公报》，1940年8月11日）

1940年8月3日，下午三点，由"文协香港分会"、"中华全国漫画家协会香港分会"、"青年记者协会香港分会"、"华人政府文员协会"、"中华全国木刻协会香港分会"和"业余联谊社"等团体联合举办的鲁迅诞辰六十周年纪念会在加路连山的孔圣堂举行。

据当时在现场的郁风女士的回忆，那天"下午两点多，香港，大雨如注。打着雨伞穿着雨衣的男男女女走向加路连山孔圣堂"。

（郁风：《那个时代的最强音——一九四○·香港·鲁迅诞辰》，《鲁迅研究动态》，1989年第9期）

会议由许地山主持。
一、宣布开会
二、行礼如仪

1940年夏,香港,哑剧剧本《民族魂鲁迅》的手稿。

第十三章 香港——最后的停泊地

三、主席报告

四、萧红女士报告鲁迅先生事迹

五、演讲(张一麐先生等)

六、歌咏节目(由长虹歌咏队担任)

七、朗诵鲁迅先生作品《热风》第四十九等(文艺协会诗歌组担任)

八、闭会

萧红所报告先生的生平事迹,内容"大部系根据先生自传,并参证先生对人所讲述者,加以个人之批评"。

(《本港文艺团体昨纪念鲁迅诞辰》,香港《大公报》,1940年8月4日)。

当晚,又举行了纪念晚会,有长虹歌咏团专为晚会排练的献诗:

今天给生命欢呼,
八月浙江潮诞生,
民族魂诞生了,
欢呼今天,八月三日,
欢呼革命人道主义者的诞生。

1940年8月3日,香港,在纪念鲁迅诞辰六十周年会上报告先生生平。

萧红所报告先生的生平事迹,内容"大部系根据先生自传,并参证先生对人所讲述者,加以个人之批评"。

(《本港文艺团体昨纪念鲁迅诞辰》,《大公报》1940年8月4日)。

由工人店员和银行职员组成的"业余联谊会"排演的、鲁迅作品中唯一可以上演的《野草》中的剧作《过客》;

演唱纪念鲁迅先生的歌曲;

然后是田汉编剧、李景波自导自演的《阿Q正传》第五幕;

根据萧红剧本改编的哑剧《民族魂——鲁迅》,扮演鲁迅先生的是上海银行职员张宗占,由张正宇给他化妆后,形神兼备,获得了大家的好评;

还有徐迟代表文协诗歌组朗诵《聪明人和傻子和奴才》;

香港何君谱曲的鲁迅诗:"惯于长夜过春时……"

演出后,萧红眼含热泪上台答谢演职人员。

演出是成功的,满场观众久久不去。
(郁风:《那个时代的最强音——一九四〇·香港·鲁迅诞辰》,《鲁迅研究动态》,1989年第9期)

纪念会收到了很好的社会效益,当时有关报纸均有详细报道——

昨天的天气这样恶劣,大雨如注地倾下,然而赴会参加纪念的人,并没有因此减少。赴会途中,随处可以看到参加者撑着雨伞,穿着雨衣,顶风冒雨地带着十二分的热忱自孔圣堂走去。

三时开会的时候,三百多的赴会者一同地肃静下来,许地山先生的开会词,萧红女士的报告鲁迅先生传略,张一麐先生的讲演,徐迟先生的诗朗诵以及长虹歌咏团的唱纪念歌,每字每句都抓着了听众的注意力,并没有像在其他会场中,听众打瞌睡及谈话的现象。讲演者或歌唱者的引人兴趣与否先不必去说它,这只可以说是鲁迅先生的思想、行动在民族革命的思潮中,是继续高涨着,有一种推动的力量存在着。

中国的抗战已进入了第四年,多少英勇的战士为人民大众的幸福牺牲了个人的利益,这正同鲁迅先生一样,一生在坚苦斗争中不屈不挠,为被压迫的民族呼号呐喊,为正义自由抗争到底。在黑暗中,执着火炬,奋勇前进,不妥协不投降,他是一个民族革命的斗士,中国不亡,鲁迅先生的精神是不朽的。

(香港:《星岛日报》,1940年8月4日,第三版)

10月19日,萧红和端木蕻良出席香港文协等团体联合举办的鲁迅先生逝世四周年纪念会。

不久之后,10月21日起,10月31日止,哑剧剧本《民族魂——鲁迅》在《大公报》副刊《文艺》、《学生界》连载。

这个萧红创作中少见的"异数",自然引起了有关学者的注意。"这剧本包括的人物、时间、空间都很多,作者不但设计剧情,人物动作,甚至连怎样利用最简陋的物质制造应有道具,也写得明白。由于这剧本形式特别,可说是萧红风格的外一章。"

(卢玮銮:《1940年萧红在香港》,香港《明报月刊》第14卷第11期,1979年11月)

第三节 巅峰之年 巅峰之作

1940年,是萧红创作生涯的巅峰之年,在这一年中,她克服了身体状况的不佳和初到南国的不适,在参加一系列的文化活动,写有其他零散作品的情况下,勉力完成了一生最重要的作品《呼兰河传》,此外,《马伯乐》也有可喜的进展。

长篇小说《马伯乐》在重庆时就已经开始酝酿,写于1938年的短篇小说《逃难》里从潼关逃往西安的何南生,即是后来马伯乐的原型,只是在那基础上,内容更丰富,背景更广阔。

萧红以抗战爆发后自己逃难的线路图为主线,以走难流民的生活经历为素材,创造了马伯乐这样一个现代文学史上的经典形象:"只要他一想到关于他本身的一点不痛快的事,他就对全世界怀着不满"(萧红:《逃难》,1939年1月《文摘》战时旬刊第41、第42期合刊);时常挂在嘴边的两句口头禅"他妈的中国人"和"到那时可怎么办呢",使这个总在逃避现实,遇事怨天尤人,始终自私自利的"无用人"的形象跃然纸上,他由生活舒适的"绅士"转换为疲于奔命的狼狈难民的流程图,也真实地映衬出战时平民生活的方方面面。

1940年7月28日,萧红致华岗,信中最后附言:
附上所写稿《马伯乐》长篇小说的最前的一章,请读一读,看看马伯乐这人是否可笑！因有副稿，读后，请转中苏文化交曹靖华先生。

由此可见，《马伯乐》在此时已经写好了相当一部分。

1940年8月27日致华岗的信中云：

正在写文章，写得比较快，等你下一封信来，怕是就写完了。不在一地，不能够拿到桌子共看，真是扫兴。

就是我前些日子所寄的《马伯乐》的一稿你也不能收到，因为那稿我竟贴了邮票就丢进信箱里去的。

信中所说的"写得比较快"的"文章"，应该就是比较顺手的《马伯乐》；综合探究萧红这一阶段创作和出版情况，我们大体可以得知，《马伯乐》的成书时间，大致是在当年的八九月之间。

《马伯乐》的写作和出版，显示出成熟作家萧红多方面的艺术才华，其中像稀有金属一样罕见的幽默和讽刺才能，更是发挥得淋漓尽致，正如文学评论家杨义先生所言："她颇有剖析畸形心理之意，抓住人物可笑可鄙的癖性和细节加以放大，夹进充满反语的议论，使之如照哈哈镜而变形"，[杨义：《中国现代小说史》（第二卷）P58，北京：人民文学出版社，1988年10月]体现在其中的大智慧和大手笔，是萧红过去作品所不具备的，那样一幅抗战期间形形色色的流民图，于国民性，于战时生活的方方面面，均有本质的触及，阅读中往往令人忍俊不禁。

但是由于种种原因，自出版以来，《马伯乐》就不曾得到应有的重视，这是现代文坛评论界不可否认的憾与缺。

《马伯乐》第一部完成后，萧红又投入了另一部长篇小说《呼兰河传》的续写。

关于《呼兰河传》的创作，据锡金所忆，在武昌的小金龙巷时就已开始动笔，只是由于颠沛流离的动荡生活，使得这部一直以来萦绕于怀的小说无法

第十三章 香港——最后的停泊地 209

为继;来到没有烽烟的南国小岛,渐渐适应之后,安心写作才有了可能,加之远离了内地和朋友们,思乡之情越发浓郁得不可抑制,故乡风俗和童年记忆中的寻常故事,往往不招即来又挥之不去,催化为创作的激情,因此文思如泉灵感不断,自是一发而不可收。

不完全像小说,也不完全像自传,散文化的写法里,小说和自传的成分都包含其中。展示给读者的是小镇上人们卑琐平凡的生活,有衣食住行,也有小城风貌;有老祖父,有小团圆媳妇,有二伯,还有冯歪嘴子和王大姐;此外还有精神上的盛举:"跳大神"、"唱秧歌"、"放河灯"、"野台子戏"和"娘娘庙大会"。在对人们的善良、愚昧、麻木和迷信,以及刻板单调的古旧生活方式的描述里,虽然看不到阶级压迫和民族矛盾,却有着对人生意义的终极追问,那亘古的忧伤,表达着生命原始的悲凉。

在这部几乎无法归类的不朽之作里,我们每一个读者多少都能闻到自己童年的味道。

这是饱经忧患的萧红以含泪的微笑所吟咏的对故乡一往情深的恋歌,独特的敏感加上从容温暖的笔调,卓越的禀赋和着悲悯的情怀,豪华落尽返璞归真的文字结实饱满,使得这部作品永垂青史。

文坛前辈茅盾先生对它的高度评价,一直以来脍炙人口,广为流传——

"它是一篇叙事诗,一幅多彩的风土画,一串凄婉的歌谣。"

(茅盾:《论萧红的〈呼兰河传〉》,《文艺生活》1946年12月号;见《怀念萧红》P3,哈尔滨:黑龙江人民出版社,1981年2月)

9月1日起,《呼兰河传》在《星岛日报》副刊"星座"开始连载,直至12月27日连载完毕。

1940年12月20日,饱含着萧红心血和深情的长篇小说《呼兰河传》脱稿,这是她一生的巅峰之作,也是现代文学史上的传世之作。

《呼兰河传》的写作和发表,标志着萧红的文学创作已达巅峰状态。

《呼兰河传》是现代文学史上最优秀的长篇小说之一,也是20世纪百年以来最杰出的长篇小说之一。

名不见经传的松花江支流呼兰河,因为出了一个萧红而闻名遐迩;走过苦难历程的萧红，凭着一部《呼兰河传》足以在文学阵营里笑傲江湖。

短篇小说《小城三月》完成日期不详，1941年7月在《时代文学》发表时文末有注："1941年，夏重抄"，极有可能是在1940年年末或第二年的年初写成；它堪称是萧红短篇小说中的翘楚。

在这篇委婉动人，格调忧伤的小说里，作者把故乡短暂春天的风土人情娓娓道来，村野景物的描写更是细微和精致，在这里，萧红几乎是鲜有地放弃了与家庭的对峙和隔膜，进而勾画出些许温馨的色彩；美丽而柔弱的主人公翠姨的原型是萧红少女时代的挚友，她因婚姻的不如意郁郁而终，那里面隐约有着宝黛爱情悲剧的影子。

短短的一篇小说，唯美，感伤，自问世以来，只要是读过，很少有人能不被它打动。

小说散发着春到东北时泥土和杨花的芳香，响着孩子们从柳哨中吹出的呜呜声，呈现出20年代东北小城的社会风俗画，显示出这位东北作家的别样才华。

7月初，《小城三月》登载于《时代文学》第1卷第2期；其中的两幅插图，分别署名"荆坪"和"金永霓"，是应了萧红的请求，出自于端木手笔。

1940年11月，经"国兴社"社长胡愈之介绍，萧红和端木结识了在港的东北民主运动负责人、《时代批评》主编周鲸文先生。他们第一次到雪厂街十号交易所大楼去拜访，就和周鲸文一见如故；周先生早年就读于美国密歇根大学等名校，一向器重文化人，又都是东北同乡，马上就商议由他出资筹办大型的文学刊物《时代文学》杂志。

关于创办《时代文学》的初衷，周鲸文曾在文中专门谈道："说来，我是把全副精神办《时代批评》，为什么又添办一个《时代文学》呢？理由很简单，因为端木和萧红是文艺作家，他们希望有这样一种刊物。同时，那时由国内到香港逃难的有大批文艺工作者，也应给他们发表文章的园地。所以，国内外怎的文艺作家都是《时代文学》的特约撰稿人。"

第十三章 香港——最后的停泊地 211

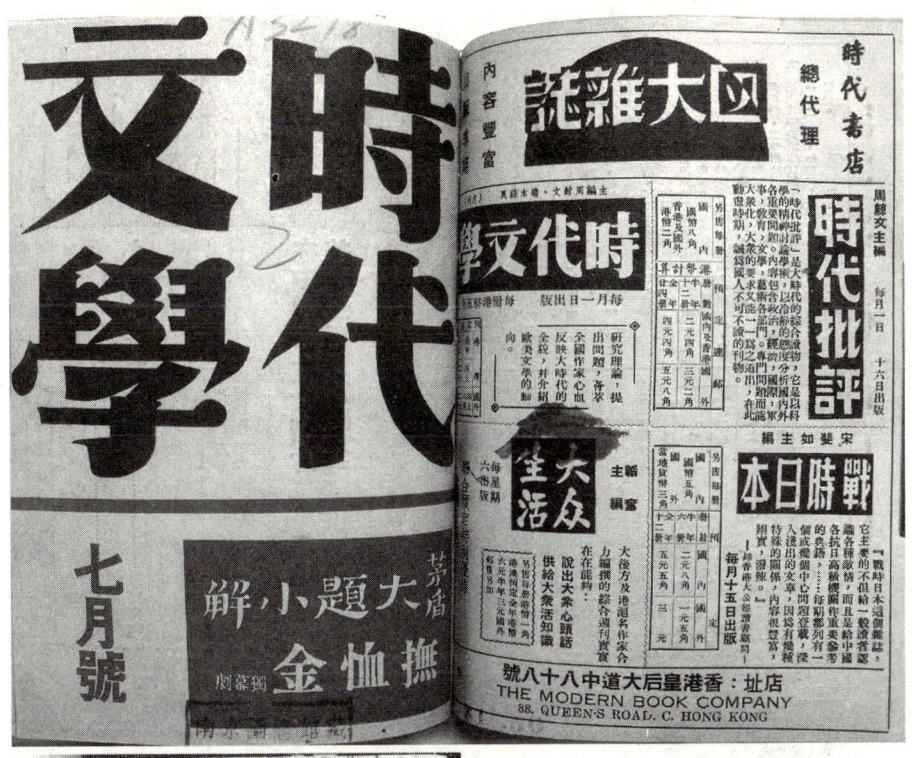

《时代文学》第一卷第二期封面。

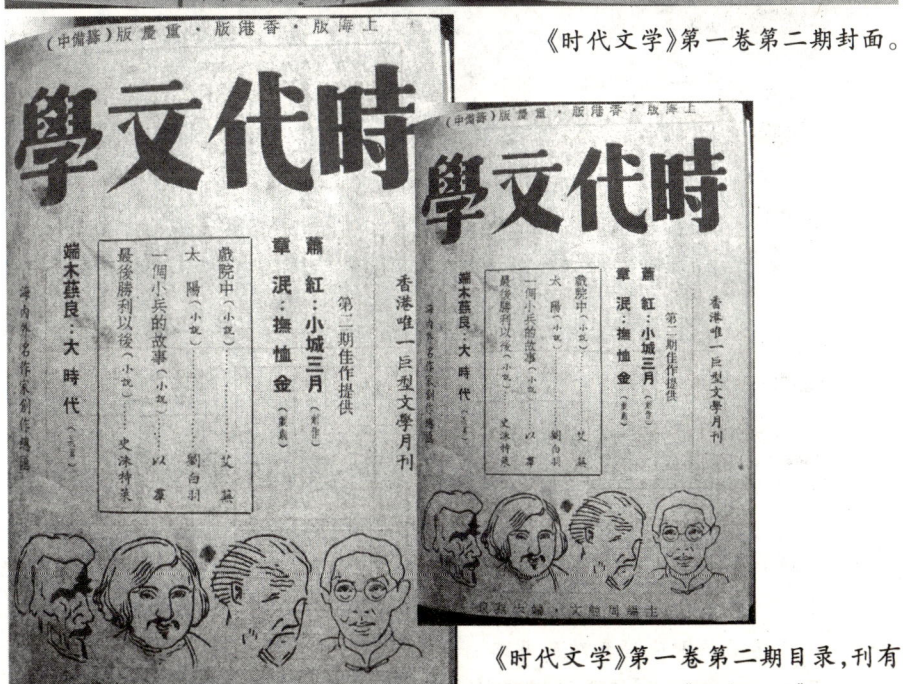

《时代文学》第一卷第二期目录,刊有萧红的短篇小说《小城三月》。

《时代文学》第一卷第二期,短篇小说《小城三月》正文。

《时代文学》第一卷第二期目录和《小城三月》的插图。

两幅插图,分别署名"荆坪"和"金永霓",是应了萧红的邀约,出自端木蕻良手笔。

正文插图是雪地里奔跑的马车;

另一幅,主人公翠姨手持网球拍,隔岸向往大城市的沉思图。

第十三章 香港——最后的停泊地

（周鲸文：《忆萧红》，香港《时代批评》第32卷12期，1975年12月）

周鲸文除了主编《时代批评》，同时也是"时代书店"的总经理，此外还兼营商业事务，经济基础较好；如果没有他的财力支持，筹办这样大型的刊物，在当时那种情况下，是很难想象的。

结识周鲸文，也是萧红和端木在1940年的一大收获，因为在萧红的晚年生活里，周先生不啻是她的贵人；随后不久的求医问药中，仗义又豪爽的周鲸文多次伸出援手，慷慨解囊，使他们得以屡渡难关。

即使70年之后读到有关文字，心中依然涌起温暖和感动；作为眷恋萧红的读者，当对周先生的豪善之举铭感于心。

《小城三月》单行本初版封面，1948年11月香港海洋书屋出版，为《万人丛书》之一。

1940年，是萧红创作生涯的巅峰之年，这一年完成的《呼兰河传》、《马伯乐》和《小城三月》，均是萧红文库里的巅峰之作；巅峰之年是她生命中的辉煌岁月，巅峰之作是那辉煌岁月中的华彩乐章。

1940年，是萧红创作生涯中最辉煌的"笔杆年"，也是萧红创作生涯喜获丰收、硕果累累的一年。

3月，在歌乐山写的几篇小说加上写于武汉的《黄河》，结集为《旷野的呼喊》，作为郑伯奇主编的《每月文库》一辑之十，由迁居桂林的上海杂志公司初版。作者署名萧红。《旷野的呼喊》中共收短篇小说七部，其中绝大部分已在报刊上发表过：《黄河》、《朦胧的期待》、《旷野的呼喊》、《逃难》、《山下》、《莲花池》、《孩子的讲演》。

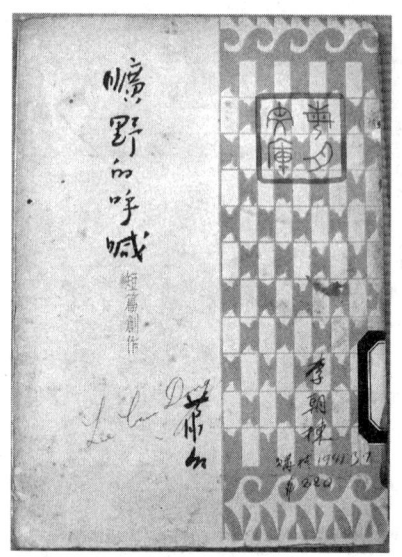

1940年3月，小说集《旷野的呼喊》，作为郑伯奇主编的《每月文库》一辑之十，由迁居桂林的上海杂志公司初版。
《旷野的呼喊》初版封面。

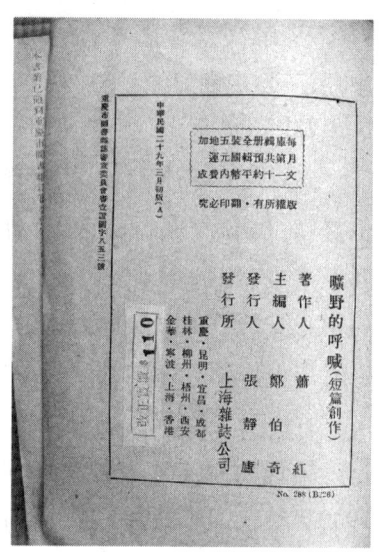

《旷野的呼喊》初版版权页。

6月，歌乐山期间所写散文，加上后来的《放火者》等并为《萧红散文》，作为"大时代文艺丛书"的一种，由重庆大时代书局结集初版。

《萧红散文》共收散文17篇，其中大部也已发表过，不同于别的集子的是，该集中的文章题目改动较多：

《一天》（原题目《烦扰的一日》）
《皮球》（原题目《蹲在洋车上》）
《三个无聊人》
《搬家》
《黑夜》（原题目《过夜》）

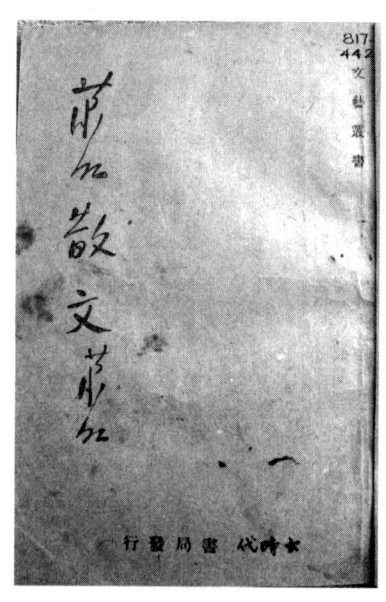

1940年6月，歌乐山期间所写散文，加上后来的《放火者》等文结集为《萧红散文》，作为"大时代文艺丛书"的一种，由重庆大时代书局结集初版。
《萧红散文》初版封面。

《初冬》

《索菲亚的愁苦》

《访问》

《夏夜》(是散文集《桥》里说阿城生活的散文,有别于《商市街》里说哈尔滨时的生活片段)

《鲁迅先生记(一)》(原题目《万年青》)

《鲁迅先生记(二)》(原题目《在东京》)

《一条铁路的完成》

《牙粉医病法》

《滑竿》

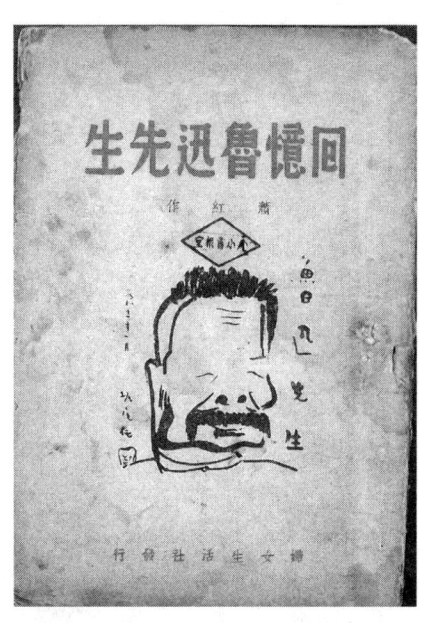

《回忆鲁迅先生》初版之封面。

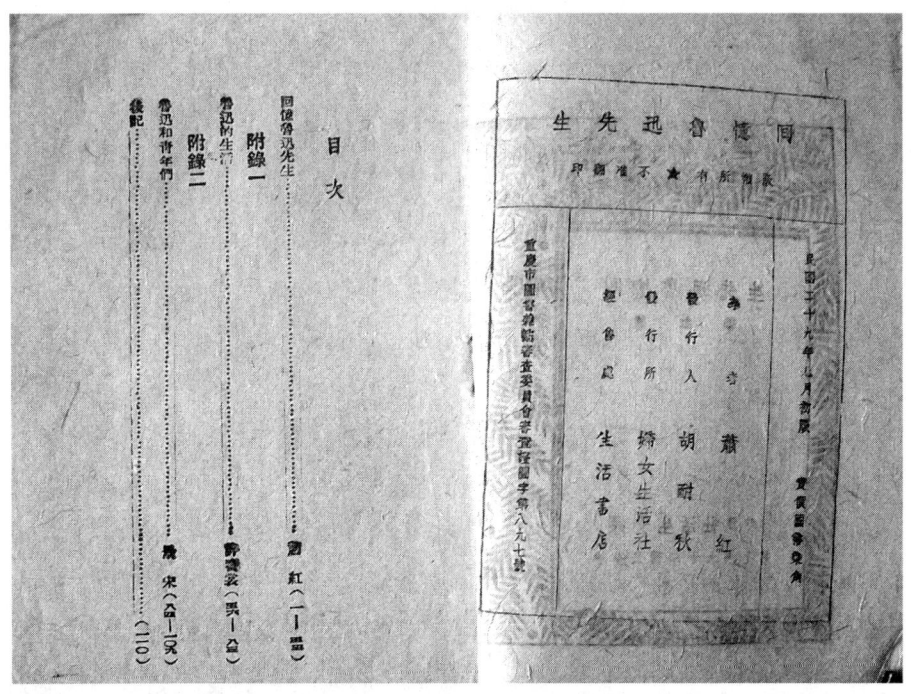

《回忆鲁迅先生》初版之目次和版权页。这本70年前的初版书是胡风先生所购所藏,也来自胡风文库,同样是由于专案组的专人"管理",它保持着很好的品相。

《林小二》

《放火者》(原题目《轰炸前后》)

《长安寺》。

7月,《回忆鲁迅先生》的单行本由重庆妇女生活出版社出版,署名萧红;书后附录许寿裳《鲁迅的生活》和景宋(许广平)《鲁迅和青年们》。并有端木蕻良代写的《后记》。

第四节 病榻沉疴

1941年,萧红的身体日渐衰弱,经常头痛、咳嗽、心悸、气促、失眠,但仍然坚持操持家务和写作。

1941年1月,长篇小说《马伯乐》(上篇)列为"大时代文艺丛书",由重庆大时代书局初版。

2—11月,《马伯乐》(下篇)前九章在《时代批评》第3卷64期—第4卷82期分15次连载。

1941年2月27日,"文协"香港分会等文化团体,在思豪酒店

1941年1月,长篇小说《马伯乐》第一部初版封面。

举办茶会欢迎史沫特莱、夏衍、范长江等人来港；茶会由萧红主持，因为他们是在鲁迅先生家中相识的。

1941年2月，由周鲸文和端木蕻良主编的香港《时代批评》杂志第64期开始连载《马伯乐》(下部)。

4月间，史沫特莱到九龙乐道去看望，她惊讶于两位大作家居住条件之差，生活之清苦，在她看来，两位作家的"贫困"程度"置身于苦力阶级的同一经济水平"，得知萧红健康状况不佳，力劝她到医院去检查医治。

史沫特莱作为活跃在国际上的知名记者，对战争的走势有着更全面的认知，当萧红以太平洋局势问她时，她就劝他们赶紧离开香港到新加坡去。她说："日本人必然要攻香港及南洋，香港至多能守一个月，而新加坡坚不可破，即使破了，在新加坡也比在香港办法多些。"

究竟会在什么时候由于国际事态发展的某种汇合而使日本人有可能实行攻击，我们不得而知，但是我们能够感觉到他们的准备尚未就绪，因为许多日本人还留在这块殖民地上。

（史沫特莱：《中国的战歌》，北京：作家出版社，1986年）

萧红和端木也意识到离开香港是必然的，但离港准备却因一些别的事务和萧红的病情而中断；史氏通过关系，使萧红住进了香港最大的公立医院——玛丽医院。

此后肺病日益严重。

5月底，史沫特莱就要回国，来向萧红和端木辞行，并向他们要作品带到美国去，萧红给了她一篇《马房之夜》，并委托史沫特莱把她出版的几本书带给美国作家辛克莱。6月4日，辛克莱给萧红发来一封短信，感谢她带来的"美好的礼物和问候"，并将他新出版的一本《合作社》的小册子赠给萧红。

1941年5月30日，萧红的长篇小说《呼兰河传》作为郑伯奇主编的《每月文库》第二辑中的一本，由上海杂志公司在桂林初版。

6月1日，《时代文学》杂志月刊创刊。上面刊登

1941年5月30日，传世小说《呼兰河传》作为郑伯奇主编的《每月文库》二辑中的一本，由上海杂志公司在桂林初版。
《呼兰河传》初版封面。

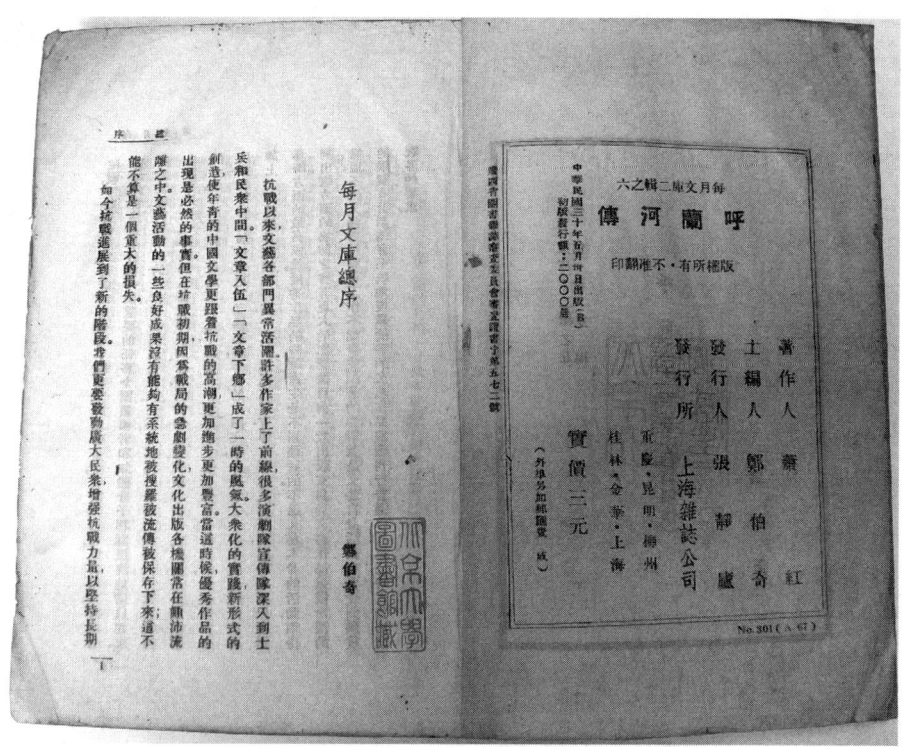

《呼兰河传》1941年5月30日桂林版版权页,初版印行2000册。

了许广平和海婴的照片,并有许先生写给端木的信之手迹。

《时代文学》杂志是香港文学发展过程中最重要的大型文艺刊物之一,作为主编,端木蕻良为此花费了巨大心血,几乎使出了浑身的解数,也展示了多方面的才华,不仅撰写了许多应急稿件,亲自设计目录版式等,还绘制题图插图;无论写作技巧,还是编辑能力和绘画等艺术方面的造诣,都显示了他特异的禀赋。

在香港编辑《时代文学》,是端木蕻良一生最辉煌的标志;刊登在第二期扉页上的约稿作家阵容,群英荟萃,多数人都是所在领域里的一流人才,彰显了《时代文学》办刊的气度和胸怀;非常可惜的是,《时代文学》仅出了六期就因战乱而停刊。

1941年7月1日,《时代批评》杂志第73期、74期合刊,出版"人权运动专号"。当时"人权运动专号"影响较大,一向低调的萧红也在"人权运动题名

1941年7月1日,香港《时代批评》杂志第73期、74期合刊"人权运动专号"。

香港《时代批评》杂志第73期、74期合刊"人权运动专号"目录。

录"上签署了自己的名字。

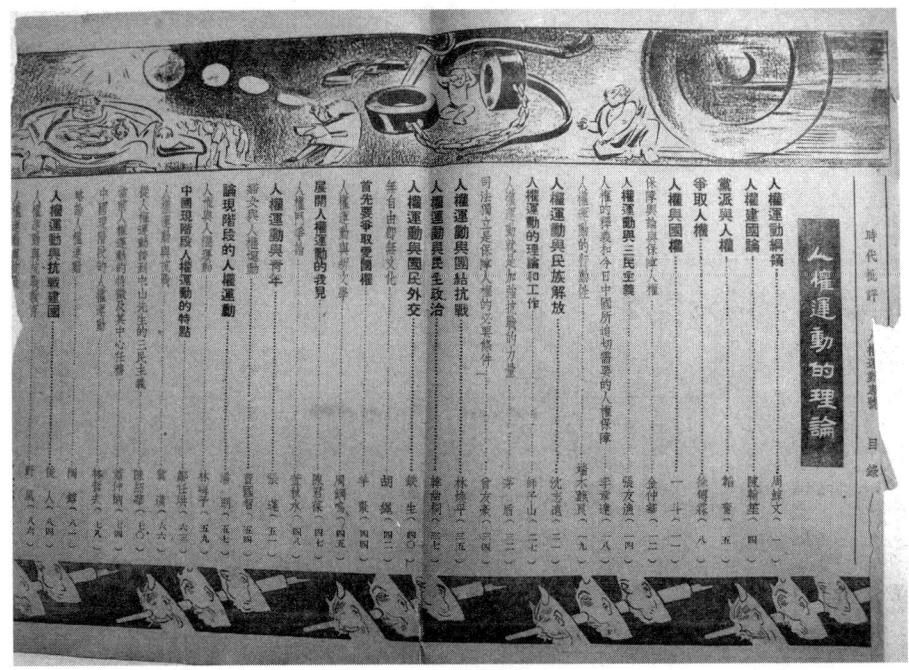

香港《时代批评》杂志第 73 期、74 期合刊"人权运动专号"目录。

1941年7月间,萧红身上一些本来就有的疾病越发沉重,失眠和咳嗽加剧。

月中,因肺部病发住进了玛丽医院,当时对肺结核的最新疗法就是打空气针,道理上就是将新鲜空气注入肺部以将结核慢慢地"吹开",但这个疗法对萧红的病体效果并不理想,"在未治前,萧红虽觉有病,但还是起动如常人,还照常写作。但经过医治之后倒真成了病人。体力不够了,行动不便了,咳嗽加剧了,这就非住院不可了。"

(周鲸文:《忆萧红》,香港《时代批评》第32卷12期,1975年12月)

当时她所住的三等病房,设在阳台上,三面临海,空气流通,但萧红不习惯这样的"病房",感觉就和住在露天差不多。

待到稍稍好转,又开始参加一些有关的活动,并续写《马伯乐》下篇,以

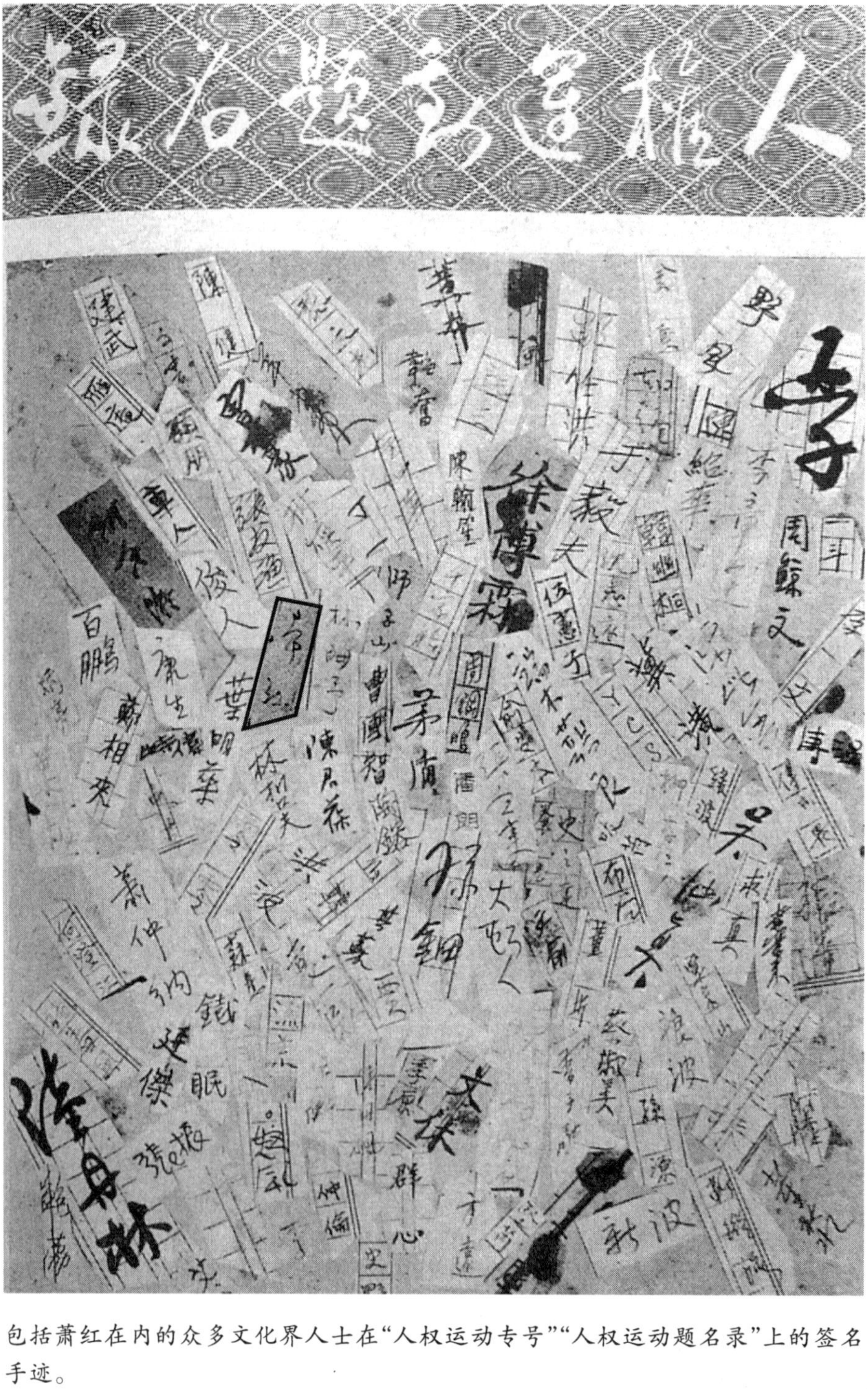

包括萧红在内的众多文化界人士在"人权运动专号""人权运动题名录"上的签名手迹。

供在《时代批评》的连载;在萧红住院之初,端木专门就高昂的费用去找过周鲸文,周鲸文嘱咐端木不必担心,抓紧治病是最主要的,并给他们开了支票。

9月,《时代文学》杂志第1卷第4期,有纪念"九一八"十周年专号,萧红参与签署的《旅港东北人士"九一八"十周年宣言》,计有端木、周鲸文、于毅夫等374人。萧红抱病写下了《给流亡异地的东北同胞书》,发出了对家乡、亲人的眷念和收复失地的愿望。

9月中旬,骆宾基到港,因无处落脚,电话向未曾谋面的东北老乡端木求助,端木安置他住进《时代批评》职工宿舍。为此,端木还撤下了自己在《时代文学》上连载的长篇《大时代》,换上了骆宾基的小说《人与土地》。

九一八前夕,萧红写了《九一八致弟弟书》;9月20日,《九一八致弟弟书》载香港《大公报》副刊"文艺"栏目;这是思念她四年中没有音讯的弟弟,充满着浓郁的温情和牵挂,知道这个唯一的弟弟做了抗日军,就在前线,在回忆姐弟十年聚少离多的遗憾往事里,也表达了对未来的信心:"中国有你们,中国是不会亡的。"

10月间,端木在纪念鲁迅逝世五周年的活动中结识了南社元老柳亚子先生。

中旬,因肺病加重再次住进玛丽医院。住院治疗和医药的费用很高,都不是他们能够负担的,史沫特莱临行前留下部分赞助,于毅夫也在积极筹款,柳亚子专门为此约周鲸文"喝茶",希望他对两位作家能有更多的援助,周鲸文当即表示"义不容辞";幸有朋友们的怜惜与呵护,萧红和端木才得以暂度难关。

这期间,萧红继续写作《马伯乐》下篇,因为已经开始在《时代批评》上连载着,所以边写边发,但由于病体不支,连载完第九章时,却不得不停下,注明是"第九章完,全文未完";没能提出一个光明的交代的《马伯乐》,最终仍是一部未竟之作,成了萧红个人遗留在写作史上的"半部红楼"。

11月中旬,《时代批评》第83期刊出启事:"萧红女士的长篇《马伯乐》因患肺病,未能续写,自本期起,暂停刊载。于此,我祈祝作者早日健元,并请读得活受罪。等日本人架着意大利飞机来到头上时，他也吓得站不住脚了，也随着太太往荣湖边上乱跑。可是等飞机一过了，他又非常后悔，他说：

「跑的什么，真多余。」

「有钱的人们的生命是值钱的，无钱的人的生命还不值一颗炸弹的钱。」

小陈从上海新到的，他在电影圈里混过，这次来汉口，有人找他在电影界工作。还拍一部抗战影片，缺少一个丑角。小陈就来找马伯乐去充当一下。

马伯乐寂寞，也好的，免得在家呆看寂寞。谁知到了那里，化了装，黑红抹了满脸。

「这不是穷人开心吗？」

「穷人到处被提弄呵！」

「穷人在世界上就是个大丑角。」

自此马伯乐的心情不见起色，尤其是夜衷，看见什么都是悲哀。窗外的那棵琵琶树，滴滴答答的终夜滴着水点，马伯乐想：

「下雨天也就是过的。」

「阴天就没有月亮。」

「不但没有月亮，就连星星也没有。」

「黑暗，黑暗。」

「太阳没有出来之前，就只有黑暗。」

马伯乐吃饭睡觉，都和常人一样，只是长吁短叹这点与常人不同，虽然他永远担负着这过度的忧心的吃饭，照样的健康，他也照样於前途黯淡而已。

这种黯淡的生活，黯淡了六七个月。但是光明终究是要到来的。

什么光明呢？

武汉又要撤退了。

马伯乐说：

於是他兴会得神的起来。好像长征的大军在出发的前夜似的，又好像跑马场的马一走出场来似的。那种饱满的精神是不可挡的。任何人阻止不了的。

马伯乐听了这消息，一跳就从床上跳起，说：

「太太说：

「买船票到那里？」

「到那时候，可怎么办哪。」

去买船票去。

「人家到那里咱们就到那里。」

於是全汉口的人都在幻想重庆。

（第九章完·全文未完）

时代批评 第八十二期 （总页三六八五）

编辑室

正当国内政治急迫需要进步发展之目前，全国各党派及无党派要求团结民主进步的洪亮呼声，我们对於国民党已应寄予若干期望，因为国民党对於人民主政治的发展演进，认党亦居於举足轻重的地位，对中国政治的民主化的实现，以及民主化，系於该党之意志诚意动向，中国政治的平好转，关系尤为重大。国民党九中全会即将开会，本期社论「对国民党九中全会进言」即系本社对该党作至诚尽善的建议。

本期主要论文有四：（1）「主权论与统一」，是针对官僚深说绝对主权论，根据学理及事实，给予最怡当的批判。（2）「响应中国民主政团同盟正义的呼吁」，是对中国目前民主运动的推动核心的一篇有力的回响——同盟的目的和任务，从这里可以看到主张团结，不容诿让的鲜明立场。（3）「论一党制与多党制」第二篇，民主的光明正大国政制问题的讨论和日本的动向，深测地分析了敌新阁的侵略性质及其投机荡动。（4）「论东条新阁和日本的动向」，深测地分析了敌新阁的侵略性质及其投机荡动。

译稿「红军战略战术研究」一文，对苏联的战略战术，从史的发展上分析到目前苏联战争中苏联所采取的战略，是一篇很深刻的研究文章，值得特为介绍。

「不容漠视的美日谈判」就具体事实一般推理，说明美日谈判必然对中国发生重大影响，作者指出中国应及早采取其独立主动的外交政策，以应付国际情势的可能演变。

此外，「谈改善人民生活」、「去吧，高老夫子的时代」、「正青运工作者的弱点」等，均系针对现实社会、生活、青年话问题，具有充实内容的佳作。

杂述文诗歌有「音乐与民族」、「反民主者的心劳日拙」及「人类宣言」，均为言中有物含蓄湛深的文字。

《马伯乐》下篇，因为已经开始在《时代批评》上连载，所以边写边发，但由于病体不支，连载完第九章时，却不得不停下，并注明"第九章完，全文未完"；《马伯乐》，最终仍是一部未竟之作，成了萧红遗留在个人写作史上的"半部红楼"。

者宥谅！"

11月18日，端木蕻良去看望柳亚子，柳老写下《端木蕻良过存，感赋一首》和《再赠蕻良一首，并呈萧红女士》两首七律。

11月下旬，萧红因受不了医院不准看书写字的规定和医护人员的冷漠态度，让前去探望的于毅夫接回家中。

1941年11月30日，柳亚子先生到医院看望女儿无垢之后，来到乐道寓所，结识了刚刚出院的萧红，他们早就相互慕名，所以一见如故，亲切交谈，并作《赠萧红女士病榻》七律一首，病榻上的萧红特别感动。

12月初，柳亚子先生持花来访，萧红欣喜异常，在册页上写下"天涯孤女有人怜"便不能为继。

萧红病逝后，柳老多次写诗悼念，表达痛惜之情；在这些悼念诗中，应是下面这首七绝流传最广："杜陵兄妹缘何浅，香岛云山梦已空。公爱私情两愁绝，膺挥残泪哭萧红。"

第五节　太平洋战争爆发以后

1941年12月8日早八点，日军突袭美国太平洋海军基地珍珠港，美军猝不及防，损失惨重；日本政府随即颁布了对英、美宣战的天皇诏书。

太平洋战争爆发。

当天上午，日军飞机已向香港投弹，首先轮番轰炸启德机场，掐断香港与外界唯一的航空通道；同时，日军兵分两路，袭击新界和九龙半岛。香港霎时已进入战时状态，九龙上空警报凄厉，待到人们从"演习"的错觉中惊醒过来，便不顾一切地抢登汽轮和舢板纷纷逃命，场面极度混乱。

病中的萧红，更是雪上加霜；飞机声、爆炸声和警报声等混杂一起，强烈地刺激着她的耳膜，头也开始猛烈地疼痛，本来还能够起身行走的她，突遇空袭和爆炸的强烈袭击，却怎么也站不起来；面临逃命又无法行走，这无疑更加重了她内心的恐惧。

柳亚子先生的女儿柳无垢曾忆及萧红当时的恐慌失措——

一九四一年十二月八日上午,端木先生叫人送了一封信来,说早上的飞机声,机枪扫射声和轰炸声,是"真打仗",不是"假演习"。萧红怕得不得了,要父亲去安慰她。我们那时还以为是"演习",叫她安心体养。但后来有在报馆里工作的朋友来,才知道太平洋战事,真的在众人的睡梦中爆发了。于是父亲又冒着空袭,走到乐道去看萧红,告诉她真实的消息。

父亲回来说:"萧红害怕得要命。她要我陪她,不放我回来。我要她安心,别那么害怕,并且告诉她在这年头,死极容易,生才偶然,别那么怕死。但是她总不能宁静,说她自己也做不来主,总害怕得什么似的。"

(柳无垢:《悼萧红》,上海《文化杂志》,1942年第3卷第2期)

正在忙乱和恐慌之中,于毅夫及时赶来,和他们一起商量对策。

上午,又忽接前段到港的骆宾基辞行的电话,端木考虑自己一人难以里外照料,就邀他来帮忙一起照顾病中的萧红;骆宾基答应后,很快就来到了他们身边。自此,一同辗转于逃难和就医的途中。

次日凌晨,经周鲸文帮助,端木蕻良和骆宾基将萧红从九龙转移到香港,住进香港思豪大酒店五楼的一间客房。

12月10日,由于日军的不断炮击,香港交通中断,市民争相逃亡,黑市活跃,秩序大乱。上午,精神高度紧张的萧红电话柳亚子先生,通报情况,柳先生得知她安顿下来且有友人陪伴,很是欣慰;特别是他通过听筒里萧红的声音感到她精神很好,并祝她早日康复,在这样紧张危急的战时,柳先生居然还能注意到一个朋友的声音,这让萧红很是感动。

11日,私人汽车均被港英当局征用;中午,英军开始从九龙撤退。

12日,日军攻占九龙,流氓烂仔大肆抢劫。

15日,开始实行戒严,食品也被管制出售。

16日,日军试图强渡过海,炮声彻夜未停。

16日前后,思豪大酒店遭日军轰炸,端木蕻良他们又将萧红迁到后山,然后又由于毅夫协助迁至联合道七号周鲸文家,周家此时已经挤进了很多的亲友,不便待长时间;随后他们又转移到告罗士打酒店。

18日,日军从香港北角登陆,双方交火激烈,一夜炮声未停。

随即,登陆日军接管告罗士打酒店,改名半岛酒店作为指挥部。几经转移后,萧红被安排到"时代书店"的书库暂时落脚。

12月24日下午,在平安夜到来之前,日军战机"大炸全港",沿海一带仓库起火,入夜后仍在燃烧。

12月25日,西方最看重的传统节日,是香港历史上黑色的圣诞节,下午时分,港督下令停战,当局宣布投降。

香港沦陷。

12月28日,日军举行"入城仪式",并发行军票,正式接管香港。

于毅夫告知端木,在有关方面的安排下,30多位文化人士由东江纵队护卫,已经撤离港九,他也要走了,他走后由王福时协助端木和萧红撤离,并交给端木一笔钱,作为治病和撤离的费用。

1942年1月9日,柳亚子先生也要撤离香港,返回内地,端木前去送行,柳先生详加安慰,并馈赠给萧红部分医药费用,表示他的心意。

1942年1月12日,萧红病情恶化,咽喉水肿,呼吸困难,急需就医,端木多方打听和寻找之后,得知香港最大的私人医院——跑马地养和医院刚刚开始收治病人,当晚,就把萧红送了进去。经主治大夫李树培诊断,说是因为气管结瘤导致呼吸困难和憋闷,需开刀手术。端木当即表示不同意,因为他知道结核病人刀口不易愈合(他的二哥因骨结核开刀失败卧床十年),他担心手术的严重后果,因此拒绝签字;但萧红治病心切,憋气使她呼吸局促,已经痛苦得无法平躺,被病痛折磨得已听不进去端木的劝阻,她以为开刀是根除病症的唯一办法,她奢望着手术后身体就会好转,再和端木一起撤离,她劝端木不要婆婆妈妈,自己做主在手术单上签了字。

13日,手术"顺利"进行,出了手术室的萧红很快就苏醒了过来,并告诉端木,开刀后没发现有什么肿瘤,术后为防粘连将喉中插入金属管,只能用气声发音。端木得知这一消息,非常震惊,心里马上被一片不祥的阴云紧紧裹住,久久不散。

由于手术后刀口不封口引发感染,更由于缺医少药,时时高烧又无法退烧,养和医院束手无策,端木蕻良步行40里去找玛丽医院,那里刚恢复营业同意接收。但是手术后的萧红不能走路,这是个很大的问题;交通工具都被日军军管,要找汽车就只能去找日本人,端木蕻良寄希望于能碰到有人道主义精神的文职人员,在那时,只有冒险一试。正在一筹莫展中,端木在街边看到有两个日本人在用英语交谈,其中一个人身上佩戴着记者标志,端木想他们一定受过良好的教育,心里生出了一线希望,就冒险用英语去和那记者打招呼,并说明情况。然后,争取到了这位朝日新闻社随军记者"小椋"的帮助,同意用他的车,1月18日,骆宾基与端木蕻良把萧红转送到玛丽医院。

进入玛丽医院之后,又换了喉部的呼吸铜管,至此,已经完全丧失了说话的能力,仅靠笔谈表达简要的意思。

但是两三天之后,玛丽医院突然又被日军接管,门外挂上"大日本陆军战地医院"的牌子,病人一律被赶出,萧红被转至一家法国医院,那里有一位老医生最初还比较乐观;但是法国医院随即又被军管,病人都被驱赶到法国医生设在圣士提反教会女校的临时救护站。

至此,萧红已经陷入了无医无药山穷水尽的绝境。

圣士提反女校的临时救护站条件极其简陋,没有药品,也没有医护人员,手术后的萧红,经过连日的颠沛和惊吓,呼吸极度困难,人已经衰弱到了极点……

1月21—22日,萧红一直处于昏迷状态。

1月22日晨六时,已经深度昏迷。

在那个临时救护站里,医生终究无计可施,只是示意端木准备后事。

上午10时许,呼吸渐弱。

生命的时钟,缓缓停摆……

第十三章 香港——最后的停泊地

1942年1月22日上午11时许,她永远地"掷下了求解放的大旗"。

终年31岁。

伤心哀绝的端木蕻良请了摄影师为萧红拍下最后的遗容。

当时,遇难的平民很多很多,日军规定所有尸体都要集体火化,骨灰也要到指定地点集中埋葬,当时,负责处理港岛地区尸体收集埋殓事务的卫生督察是马超棫,1月23日,他带人来救护站收尸,端木蕻良冒着危险,走上前去说明了自己和萧红的情况,并请马超棫协助料理萧红的后事,避免日军施行集中火化集中埋葬,马超棫说他读过他们的作品,愿意帮忙,在马超棫的指点下,端木蕻良通过"小椋"到日军有关机构办理了死亡证、火化证和认领骨灰的手续。

当晚,端木蕻良敲开一家古玩店高价买走两个瓷瓶准备用来装骨灰。

1月24日,在马超棫的帮助下,萧红的遗体在跑马地背后日本人专用的火葬场单独火化;"在送萧红遗体去火化的过程中,端木看到露在毯子外面的头发,他几乎没用大脑地取出挂在钥匙链上的小剪子,剪了一小撮萧红的头发,放在他西服里边的小口袋里。他天真地感到萧红没有完全离他而去……"

(钟耀群:《端木与萧红》P108,北京:中国文联出版公司,1998年1月)

有关萧红最后的殓葬事宜,美籍华人学者沙洵泽和孙凯夫妇曾有记载:

所有被占领当局埋葬的尸体不穿衣服,尸体不分男女,全部搬上尸车运出埋葬,为了表示对萧红的尊重,马先生取得医院毛毡来遮盖她的遗体,并另外将尸体放置车中的特别车厢里,和其他尸体分隔。最后,他把萧红遗体移送东区日本火殓场火化(今天的东区卫生局旧址,在东华医院附近)。

(沙洵泽、孙凯:《萧红和她逝世后的一些情况》,《呼兰师专学报》,1984年第2期)

火化后,端木蕻良跑到有关机构,用英语和有关人员沟通,说自己的妻子生前的遗言是要葬在海边,希望能实现妻子的这个遗愿。那个日本人听端木说的是英语,还比较客气,便问他准备葬在哪里。

端木说妻子生前经常在浅水湾散步,喜欢那一带的海滩,希望将她葬在那里。

那个刚到香港的日本人或许并不知道浅水湾具体是怎么回事,竟然就批了许葬手续给端木。

为最大程度确保能留住骨灰,端木蕻良将骨灰分装在两个瓷瓶里。

1月25日,遵照萧红要暂时埋在海边的遗嘱,端木蕻良在骆宾基的陪同下,进入日军军事封锁区,将一半骨灰埋在浅水湾丽都酒店前面石砌的花坛里,因为那里四周用了水泥垒砌,既不易被雨水冲刷,又便于将来识别,把骨灰罐封土之后,在上面竖起了他亲笔书写的"萧红之墓"的木牌。

26日傍晚,端木蕻良在中文大学一个学生的陪同下,将另一半骨灰秘密埋在了圣士提反女校——后院土山——东北向的一棵树下,以求保住部分

萧红病逝之处并埋有部分萧红骨灰的香港圣士提反女校。

1942年,香港,浅水湾,最初的萧红墓。

20世纪40年代的浅水湾。

骨灰,将来有机会迁回内地。

病重期间的萧红,曾希冀骆宾基能把她送到上海许广平先生处;临终前亦有遗言,一旦不治,先葬在一个面向大海的风景区,要用白色的床单包裹,将来如有可能,也请把她葬在恩师鲁迅的墓边。

事后,端木蕻良致函许广平,告知萧红离世和后事种种,并委托她请内山完造先生设法保护萧红墓地。

第六节 香岛云山梦已空

自1940年1月抵达九龙启德机场,到1942年1月22日魂断香江,那个来自北国的萧红,在香港的日子刚满两年。

这个远离家乡的南方小岛,成了她人生最后的停泊地;在这里,她不仅留下了大量的杰作,而且还留下了她自己——卧听着浅水湾的海涛闲话,与蓝天碧水永处!

旅居香港两年期间,是她创作生涯的又一个高产丰收期;不顾疾病的折磨和动荡时局的困扰,奋力完成了几部重要著作。

在这两年中,最值得注意的是1940年,这一年,她参加了较多的公开活动,几部经典作品也都在该年完成,正如卢玮銮教授所指:

由1940年到1941年6月,她正以惊人的速度,完成她一生创作历程的重要阶段,仿佛早已预知时日无多,要拼尽气力,发出最后又是最灿烂的光芒。
(卢玮銮:《十里山花寂寞红——萧红在香港》,香港华汉文化事业公司《香港文纵》,1987年10月)

纵观萧红短暂的一生,固有"掀天之意气,盖世之才华",无奈"疾病困之,忧患中之"。更兼天妒英才,唤其早早羽化;文苑失英,明者痛悼;斯人虽去,风范长存。
(参见柳亚子:《记萧红女士》,见《怀念萧红》,哈尔滨:黑龙江人民出版社,1981年2月)

好在尚有她留存世上的锦绣文章,陪伴着后来的读者。

自从叛离家庭,萧红一生都在逃亡。

所有的逃亡,无不以失败而告终;所有的逃亡,都会被新的逃亡替代。

逃亡的荆棘途中,"从异乡又奔向异乡,这愿望该多么的渺茫"!

人生的风霜路上,寻不到"何处是归程",永远的"长亭更短亭"……

外一篇　袅袅余音

1942年4月,萧红病逝的消息传到延安;1942年5月1日,延安文艺界举行萧红追思会,在延安的作家及文化艺术工作者深切悼念萧红;参加者有萧军、丁玲、舒群、罗烽、白朗、塞克、高原、周文、艾青、刘白羽、何其芳、艾思奇、柯仲平、陈企霞、公木等。当年6月15日出版的《文艺月报》第十五期,即为"纪念萧红逝世特辑"。

1942年11月间,受端木蕻良之托,叶灵凤和戴望舒在一位日本记者帮助下,进入当时还是禁区的浅水湾,费尽周折寻找到了萧红墓,在她头边放下一束盛开的红山茶,并拍下至关重要的照片,给15年后骨灰的发掘留下唯一可依的线索。

1946年1月22日,重庆文化界由东北文协发起,举行萧红逝世四周年纪念会,出席者有郭沫若、茅盾、冯雪峰、聂绀弩、骆宾基等。

1946年,骆宾基写下第一部关于萧红的传记《萧红小传》。1947年由建文书店出版发行。

1946年10月,夏衍探访萧红墓。

1946年年末,周海婴和廖梦醒的女儿等朋友一起拜访萧红墓。

1948年夏,郭沫若在萧红墓前作"五分钟演讲"。

1949年年初,在港文化界人士丁聪、张骏祥、吴祖光、夏衍、张瑞芳、白杨、曹禺、沈宁、叶以群、周而复、阳翰笙等到访浅水湾萧红墓。

1949年，骆宾基、陈敬容、蒋天佐寻访萧红墓。

1956年，浅水湾一带的改建工程危及萧红墓，香港报人陈凡先生投书《人民日报》，介绍墓地被损坏的现状，呼吁保护，引起关注。

经过香港文艺界人士不遗余力的热心奔走，赖于香港中英文化学会和有关当局的勉力协助，在两地文化界人士的热切关注中，1957年7月22日下午三时，15年前埋葬于浅水湾畔的萧红骨灰终被发掘出土。

1957年8月3日，香港文艺界同人在红磡永别亭举行了简单而隆重的送别会。

会后由香港文艺界的代表叶灵凤、曹聚仁等送萧红骨灰至深圳。
中国作家协会广州分会的代表小说家黄谷柳、诗人陈芦荻等人专程恭迎，双方举行了简单的交接仪式。

1957年8月3日，香港文艺界同人在红磡永别亭隆重送别萧红骨灰。

1957年8月15日，萧红骨灰安放于广州市郊银河公墓。

1981年1月和6月，萧军复出文坛后率先完成的《萧红书简辑存注释录》和《鲁迅给萧军萧红信简注释录》由黑龙江人民出版社出版。

1957年8月3日,由香港文艺界的代表叶灵凤、曹聚仁等送萧红骨灰至深圳;中国作家协会广州分会的代表小说家黄谷柳、诗人陈芦荻等人专程恭迎,双方举行了简单的交接仪式。
交接双方为叶灵凤(左)和黄谷柳(右);左起第二人为曹聚仁。

双方有关人员交接后合影。

1981年2月,黑龙江人民出版社陆续出版王观泉编辑的纪念文集《怀念萧红》和系列萧红作品。

1981年6月,纪念萧红诞辰七十周年盛会在哈召开。

1992年11月6日,萧红纪念碑和萧红墓在呼兰西岗公园落成。石棺内埋着的是萧红的一缕青丝;萧红病故之时,由端木蕻良亲自剪下来并保存了50年之久。

1996年10月,端木蕻良病逝北京;1997年5月,端木蕻良夫人钟耀群女士携带他的部分骨灰专程飞港,在有关人士协助下,找到当年萧红病逝的圣士提反女校,并寻到当年端木蕻良埋葬萧红部分骨灰的东北方位,在此撒下端木蕻良的部分骨灰,"以了却端木生前对萧红的无限眷恋之情"。

1998年10月,《萧红全集》(上、中、下)由哈尔滨出版社出版。

2001年3月,"萧红故居馆藏中外名人书画作品展"在北京中国美术馆举办。

2001年9月,"萧红诞辰九十周年学术研讨会"在哈尔滨举行。

2002—2010年,王泽生等先后在不同的网站创设"萧红纪念馆",计有十家左右;这是进入网络时代以后,相对年轻的读者群体奉献给天国萧红的一瓣心香。

2011年5月,新版《萧红全集》由黑龙江大学出版社出版。

2011年6月,"纪念萧红诞辰百年学术研讨会"在哈尔滨隆重举行。

1957年8月15日,萧红骨灰安放于广州市郊银河公墓。

1992年11月6日,萧红纪念碑在呼兰西岗公园建成。

1992年11月6日，萧红青丝冢在呼兰西岗公园落成，石棺内供奉着萧红的一缕青丝；那是萧红病故之时，由端木蕻良亲自剪下并珍藏了50年之久。

2008年的香港浅水湾。

自1946年骆宾基写下第一部《萧红小传》,到2011年萧红百年诞辰,陆续出版的有关萧红的传记作品多达几十部,作者除中国大陆之外,还有来自香港、台湾、美国、日本、俄罗斯、德国、韩国等国家和地区的作者与研究者。这样一种在文学史上并不多见的现象,是现当代文学的别样景观;近年依然有着进一步繁荣的趋势,方兴未艾。

从萧红在世直至今日,她的作品都一版再版难以计数。她对文学宗教般的虔诚,代表着文学世界中的高贵精神;她短暂生命中一路走来的苦难历程,羽化成现代文学史上最最美丽的寂寞芳心。犹如吐丝的春蚕,恰似啼血的杜鹃,她用心血和灵魂书写的百万文字洁净饱满,寄托着人间最质朴最本真的情怀,经受了漫长岁月严峻考验,更加发散着钻石般醉人的光芒。那些以"含泪的微笑"留存下来的文字,是她31年青春生命永远的延续,亲切,温暖,穿心而过,一直感动着必将继续感动着一代又一代的痴心读者……

后　记

这本书初稿的杀青,是在元旦前后一个寒夜里。

月明星稀,了无倦意;因为我还没有走出来。

当写作接近尾声时,已经有意无意放慢了速度;弱智如我,仿佛这样就有可能稍稍延续萧红美丽的生命。当写作进度款款把我带入萧红病逝地"圣士提反女校"临时救护站时,心碎的恐惧依然紧紧将我攫住;我还是痛得久久不肯睁开眼睛……

此书的写作,犹如熬粥;或许只是最普通的家常餐,远远比不得色香味俱全且花样翻新的时尚"八宝"。怎奈从无米做起,偏又是"城外城"盘桓彷徨的笨鸟,也许只有满腔阿甘似的痴骏是那赖以熬粥的水,同时,这样一泓"忘情水",也是这单"生意"中仅可依仗的非常寒碜又令人羞涩的微薄本钱;所以张罗"备料"和准备"试飞"的时间都显得过于漫长。不知为什么居然无端地坚持了下来,也不去想该不该回头。

具体已记不起什么时候,什么情况下碰到萧红;总归是在多年以前罢。

在偶然得到的,非常有限的几本不宜公开流通的旧书里,有一本没有封面、也没有封底、破损到卷曲得只有绝大部分内页的书,悄然来到我的身边。可以勉强翻阅的起初有几页残缺不全的文字,似是什么人写的什么有关的话,在那之后方进入正文。时隔多年,在读过不少与萧红有关的文字后,我知道,我那时看到的是带有自传性质的长篇小说《呼兰河传》,而那几页残缺的文字是一个叫茅盾的人为此书所写。

那时年少,更兼处在荒诞岁月的文化沙漠,一个渴望读书却是无书可读的女孩子,就这样与萧红"狭路相逢"。

作为读者,我何其幸运,第一时间读到的便是她最成熟的作品。《呼兰河传》通篇灵感飞扬,流溢着充满了智慧的单纯,用词不见华丽,却凭情调和味道收获了文字之美,那观察一切的"儿童视角"令人沉醉,感觉好得出奇。在当年那样非常有限的阅读范围内,这种别具风采的"春秋笔法",带着它缠缠绵绵的思绪,重重地敲打我空空荡荡的心;语言之淳美稚拙,意境之辽远悲凉,一经入目便挥之不去,立马就在心里扎下了根;这一扎估计至少就是一辈子。

是那样毫无来由的不期而遇,是那样抵挡不住的一见倾心。

而茅盾先生写于1946年的那篇《论萧红的〈呼兰河传〉》,本是一篇文学评论,最初发表在1946年12月号《文艺生活》,因为写得好,被上海寰星书店1947年所出的新版《呼兰河传》作为序言收进书中。我最先看到的残页,便是这个后来以"序言"而称著的文章。当时印象最深的,并非其中广为流传的"三个一"——"它是一篇叙事诗,一幅多彩的风土画,一串凄婉的歌谣";反倒是下面的一段话深深地刺激着年轻而苦闷的心:

对于生活曾经寄以美好的希望但又屡次"幻灭"了的人,是寂寞的;对于自己的能力有自信,对于自己的工作也有远大的计划,但是生活的苦酒却又使她颇为悒悒不能振作,而又因此感到苦闷焦躁的人,当然会加倍的寂寞;这样精神上寂寞的人一旦发觉了自己的生命之灯快将熄灭,因而一切都无从"补救"的时候,那她的寂寞的悲哀恐怕不是语言可以形容的。

我把这段话非常认真地抄在一个带塑料皮的小本子上——相信很多那个时代的少男少女都会持有这类隐藏着秘密的小本子,里边同时也许会手抄着保尔·柯察金的临终领悟,"人的一生应当这样度过……"等等"格言"——反复咀嚼,并以此为自己小小的人生悲苦镇痛。那时并不知萧红为何物,只是现实中看不到亮点,而自己又遭遇一些青春期的烦忧,在这样心境的误导下,也许夸张并放大了一些春恨秋悲,居然就自作多情地把这段话当做是写给自己的了。也许还为此流过点点温柔且伤感的泪。

对语言和文字的膜拜,就在艰难且痴迷的阅读中一点一点聚沙成塔。

于是,不可救药地爱上了这个人,无怨无悔地沦陷于她特有的文字;并且,深怀着敬畏与亲密试图慢慢走近她。在以后漫长的岁月里,从少年到中年,到如今未老先衰,几乎未曾稍离。书快出版时,有知情的老朋友帮我推算,说我"恋"上这个人已近三十年了,我听了有些吃惊;天哪,三十年,白云苍狗就这么过去了,其间会有多少事情发生,我们是怎么走过来的?同时,也难免忧伤,人生究竟会有几个三十年?在欣慰于友人相知的同时,也愧怍于自己"出活儿"太慢。我对数字一向迟钝,不曾掐算,但是自己心知肚明,一路走来,有"她"陪伴,"她"俨然已变成生活里的一个部分。某种程度来说,"她"于我已具坐标意义,每每遇到不顺心的事情,我往往假设,如果是她,她会怎么想,她会怎么说、怎么做;我所遇到的"难"何曾难得过她?我所吃的"苦"能跟她相比吗?自己遇到的这些个郁闷烦恼,跟她曾经濒临绝境的惨痛、还有屈辱相比算得了神马?……

她留在世上且目力所及的几册发黄变脆的书,或陪伴惶恐来袭的无助黄昏,或在静静的雨夜里长驱直入;青灯孤卷,慰藉心魂。一读再读终不能通之后,我似乎才有一点知道,有些文字只用眼睛看是不够的,必须要用心来读,萧红所书就是这类文字的代表。

看得东西多了,偶尔会有一点感悟,觉得这个世界上大约无人能够具备同情她的资格,就算你发自很高尚的悲悯之心;或许鲁迅先生是仅有的例外,但那是她所敬爱的人,对她更多的是欣赏和期许,还有帮助与鼓励;鲁迅的病故,是她生命中难以估量的痛失。十年逃亡,背着多重重负——落难、贫困、饥饿、多病、战乱、情变、失子,永远的漂泊和流浪,还有生命晚期雪上加霜的误诊,直至盛年作别人间……一个乱世女性一生所能遭遇的难关几乎没有一个容她躲过。如此背景笔耕不辍,饱蘸生命呕心沥血,留下近百万文字或浑金璞玉,或如玑如珠,裹着人间最初始的美质,丝毫不沾染变态的尘埃,穿越时光隧道,感动一代又一代读者。

没有人能像她那样,纤弱外表里有着芬芳而强大的内心;没有人能做到她那样,饱经忧患而无损高贵纯净的心灵;没有人能比她做得更好,把自身的苦难历程化作充盈的精神资源;没有……没有,没有!过去没有,现在没有,将来也不知道有没有。不能,不能!……我不能,你不能,他也不能。

长久打动我们的更是立这一层面上的萧红,比照这一层面,她坎坷情路的是非恩怨和因此带来的种种传闻大可不必一再炒作;作为她生命中最有价值最难能可贵的核心所在,这一层面带给我们的感动,甚至超过她卓越的禀赋和不俗的才情。

如此这般，我们怎敢轻言对她的同情？除了敬畏，我们还能再说些什么？！

只是，只是天妒英才，天不假年。泪未干已暗淡了蜡炬，丝未尽已羽化了春蚕。令人深怀永久的痛惜。

尽管是永远都做不到她那样，但并不妨碍我们学习她的态度。读她写她让我学到了很多东西，对资料持续不断地钩沉和爬梳于我不啻是一个学习的过程；深藏内心的她的身影，或已潜移默化地影响了我。读她写她应该也是一种缘分，这缘分引领我更趋认同并试图靠近那些坚强和纯净的品质。

从这个意义上来说，这本书仿佛不是我给她的礼物，倒更像是她对我的馈赠。

唯愿再过一个多年之后，人已耄耋，烛光里，壁炉前，静静捧一册萧红的书，字里与行间，相看两不厌，依然能赚我会心的微笑。

白云悠悠。山清水碧。我们都是行路的旅人。

萧红生前大抵走过十个城市，计有哈尔滨、北京、青岛、上海、东京、武汉、临汾、西安、重庆、香港等地，它们之中几乎无一不是热点，吸引着当今为数众多的"驴友"；但这一切对她来说，却丝毫不具备旅游和观光的意义，只是无可奈何的逃亡线路，只能说明她生命中的黄金岁月是如何被命运无情地切割；萧红身后墓分几处，也折射出墓主支离破碎的一生。十年写作，十年乱离；十年寻梦，十年漂泊。让人心仪的是在这样的常态里，她终其一生都不曾放弃对理想之爱和做人尊严的追寻，犹如飞蛾扑火，那般奋不顾身。不肯浪费生命，不愿迷失了自己；无论怎样的世事浮沉，只听从自己内心的召唤。哪怕一路走来，备尝艰辛，每每凄风苦雨，遍地荆棘；纵然已是苍白憔悴，伤痕累累……

令人肃然起敬，令人扼腕叹息。

在这个神马都是浮云的年代，总有一种精神让我们感动，总有一点东西会留在心中，总有一种情怀装点精神家园，也总有一抹微光温暖生命旅途。

公元2011年，会逢萧红之百年华诞。

心底无穷思爱，祈愿魂兮归来。

此时此刻,特别希望她在我的书里能复活一次,哪怕只是短暂的复活;此景此情,特别希望她写的书能拥有更多的读者,并因其不朽的文字得到永生。

我祈盼自己能做到这一点,哪怕只是部分做到,哪怕只是很小很小的一部分,我的愿望卑且微……

此书即将付梓之际,心里涌现的,是对许多人的深深谢意;若是没有那些个帮助和加持,要完成并出版此书是很难想象的。

感谢我的责编,助我成就小小心愿。在一个学术研讨会上向他提出本书构想后,当场得到他的肯定与鼓励;此后,稍有停滞,即予鞭策,一再督促书稿的撰述与完善。

感谢孙郁百忙作序,在他主政北京鲁迅博物馆期间,为我多次的打扰提供帮助,不厌其烦。

感谢挚爱的母亲在天之灵,远行之后二十余年依然不离不弃的佑护;欣喜可爱的孩子健康快乐,长成阳光少年是我相依为命的有力支撑。

感谢所有亲友,为我传递关爱的目光。

相惜的挚友已远行天国,再不能够分享,那一份别样的钟爱与期许将长伴余生;依然健在的亲朋皆是这乱世人间的温暖之源,我会珍惜。

2011年4月　北京

yuanquan_123@sohu.com

(京)新登字 083 号

图书在版编目(CIP)数据

萧红全传/袁权著.—北京:中国青年出版社,2011.5
ISBN 978-7-5006-9899-9

Ⅰ.①萧… Ⅱ.①袁… Ⅲ.①萧红(1911~1942)—当记
Ⅳ.①K825.6

中国版本图书馆 CIP 数据核字(2011)第 060566 号

责任编辑:万同林

*

中国青年出版社 出版 发行

社址:北京东四12条21号 邮政编码:100708
网址:www.cyp.com.cn
编辑部电话:(010)57350404 门市部电话:(010)57350370
三河市君旺印装厂印刷 新华书店经销

*

700×1000 1/16 16 印张 2 插页 236 千字
2011 年 6 月北京第 1 版 2011 年 6 月河北第 1 次印刷
印数:1—10000 册 定价:30.00 元

本图书如有任何印装质量问题,请与印务中心质检部联系调换
联系电话:(010)84047104